모두를 위한 메타버스

3D 블랜더
크리에이티브

이대현 · 최재용 공저

(주)광문각출판미디어
www.kwangmoonkag.co.kr

머 리 말

메타버스 아바타 의상 디자이너를 꿈꾸며 …

최근 몇 년간 가상현실(VR)과 증강현실(AR) 기술이 급속하게 발전하면서, 메타버스라는 개념이 주목받고 있습니다. 또한, 월드 빌더, 아바타 크리에이터, 아바타 드라마 작가 등 메타버스는 다양한 직업군을 창조하였습니다. 이런 동향과 기술들이 종합적으로 구현되는 메타버스는 인터넷상의 가상공간으로, 3D 시뮬레이션과 인터랙션 기술을 활용하여 현실 세계와 유사한 경험을 제공합니다.

네이버z에서는 인공지능 기술과 빅데이터를 결합한 제페토 스튜디오를 통해 혁신적인 메타버스 결과물을 제공하고 있습니다. 이 책은 제페토 스튜디오와 무료 저작 툴을 활용하여 아바타 의상을 만들고 메타버스 환경에 구현하는 방법을 안내하고 있습니다. 또한, 이를 통해 새로운 비즈니스 모델로의 수익 창출이 이루어질 것이라는 전망을 제시하고 있습니다.

이 책은 메타버스 아바타 의상 디자이너를 꿈꾸는 독자들을 위해 구성되어 있으며, 아바타 의상을 디자인하고 메타버스 연동 시 발생할 수 있는 다양한 문제점들과 해결책에 대해 다루고 있습니다. 또한, 메타버스에서 아바타 의상 디자이너로서 어떤 역할을 할 수 있는지에 대한 고민을 돕기 위해 폭넓은 내용을 제공하고 있습니다. 이 책은 메타버스에 사용되는 아바타의 의상과 성공적인 비즈니스 모델 개발에 대한 기초적인 개념부터 전문적이고 기술적인 내용까지 다루고 있으므로, 메타버스 아바타 크리에이터에 관심 있는 독자들에게 매우 유용한 책으로 자리 잡을 것입니다.

수성대학교 메타버스크리에이터과 이대현 저자 대표

Level 중급

Ⅶ. 부록 Modeling/Base Mesh

※ Modeling/Base Mesh 관련자료는 광문각 홈페이지(http://www.kwangmoonkag.co.kr/) 자료실에서 다운로드 할수 있습니다.

PART

I

· ·

활용 소프트웨어 설치 및
주요 인터페이스(GUI)

소프트웨어 설치는 블렌더 → 유니티 3D 순서대로 실시한다. 단 컴퓨터의 사양을 고려하여 블렌더 먼저 설치하고 유니티 과정을 진행할 때 유니티 3D 엔진을 설치해도 무방하다. 또한, 모든 설명은 제페토 크리에이터에 초점을 맞추고 있음을 유념하자.

1. 제페토 크리에이터 설치

1-1 모바일 설치

앱 스토어를 통해 모바일 환경에 다운로드를 한 다음, 설치를 진행한다.

앱 스토어

모바일 설치가 완료된 제페토 어플리케이션

1-2 PC 설치 및 인증

PC에서 제페토 스튜디오 사이트에 접속 → 시작하기 하면 아래와 같이 전화번호, 이메일 QR코드 등으로 접속이 가능하다. 지금은 QR코드로 접속하기를 한다.

그런 다음 모바일을 통한 인증 절차를 진행하도록 한다.

| 1. 제페토 첫 화면 | 2. QR 코드로 입장 | 3. 스캔하기 | 4. 스캔 후 로그인 |

인증 과정이 완료되면 아래와 같이 콘텐츠 확인이 가능한 창이 뜨게 된다. 처음 접속이면 아래와 다르게 콘텐츠가 비어 있을 것이다. **앞으로 제페토 스튜디오에서의 심사 제출 과정은 아래 화면에서 매번 시작**할 것이다.

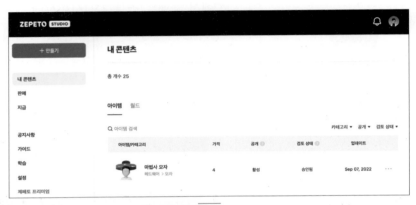

로그인이 완료된 제페토 스튜디오 창

1-3 아이템 제작을 위한 가이드

제페토 스튜디오에는 아이템 제작을 위한 유용한 가이드가 공개되어 있다. 아래 가이드를 통해 세부 페이지로 이동한다.

내 콘텐츠 창에서 가이드 접속

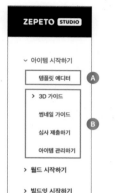

Ⓐ는 기존 제페토에서 제공하는 템플릿에 2D 이미지만 크리에이터가 만들어서 입히는 방식이고 Ⓑ는 우리가 다루게 될 3D 아아템 영역 부분이다. 아래 가이드의 순서는 제작 과정에 따른 흐름이고 본 교재에서는 난이도별로 아이템을 가이드에 맞춰서 순차적으로 진행하고자 한다.

1-4　아이템 제작을 위한 사전 준비

아이템 모델링을 위하여 아래의 파일들을 미리 다운로드해서 일정한 폴더에 넣어 두도록 하자.

아이템 시작하기 → 3D 가이드 → 3D 시작하기에 접근하여 아래와 같이 아이템 제작 전에 필요한 파일은 다운로드하여 사용할 것이다. 별표(✩)는 모두 다운로드하자.

ZEPETO STUDIO

그리고 본격적인 아이템 제작에 앞서 먼저 준비해야 할 것들을 확인해주시기 바랍니다.

- Unity (다운로드) ✩
  - **버전: Unity 2020.3.9 (필수)**
  - 제페토 아이템 제작을 위해 반드시 설치해주셔야 합니다.
- 제페토 스튜디오 Unity 프로젝트 파일 폴더 3.2.4 (다운로드) - 2022.10.27. updated
  - 다운로드 후 압축 풀기
  - prefab 파일로 변환시 필요
  - 확장자가 zepeto인 파일로 산출물 내보내기시 필요
- Maya, 3ds Max, AutoCAD 3D 등의 3D 모델링 소프트웨어 도구
  - 제페토는 Maya 사용을 권장합니다. 제페토 스튜디오의 가이드는 Maya를 기준으로 작성되었습니다.
- Adobe Photoshop 등의 이미지 편집 도구
  - 텍스처 파일 수정을 위해 필요
- 상의 및 하의 모델링 가이드 더미 파일 (다운로드) ✩
- 신발 모델링 가이드(SH_Guide) 파일 (다운로드) ✩
- 헤드웨어 모델링 가이드(HEADWEAR_Guide) 파일 (다운로드) ✩
- **creatorBaseSet_zepeto.zip 파일 (다운로드) - 2021.08 updated** ✩
  - 리깅 작업시 필요
- 3D 마스크 오브젝트 파일 (다운로드) - 2021.08 updated
  - 3D 마스크 작업시 필요

가이드 시작하기에서 다운로드 해야 할 목록

2. 블랜더 설치

2-1   처음 만나는 블랜더 GUI

블랜더는 포털 검색에 '블랜더 다운로드'하거나 https://www.blender.org/download/에서 다운로드하여 PC에 설치하면 된다. 설치는 간단하니 생략하기로 한다.

블랜더는 크게 Ⓐ상단 Tool bar로서 저장, 모델링, 애니메이션 등 큰 맥락에서 작업 환경을 선택하여 필요한 작업을 수행할 수 있다. 그 아래는 Ⓑ View Editor(Viewport) 로서 실제 작업을 수행하는 공간이다. 제일 아랫 부분은 Ⓒ State bar로서 현재 진행 중인 작업의 상황을 보여 주는 공간이다. 우측 상단 Ⓓ는 Outliner로서 뷰포트의 오브젝트들을 계층 구조 형식으로 보여 준다. Ⓔ는 속성 창으로서 오브젝트 편집 시 Mirror, Solidify 등 속성을 생성할 수 있다. 우측 Ⓕ는 오브젝트 도구로서 이동, 회전, 크기 조절 등을 선택할 수 있다.

앞으로 모델링을 위한 블랜더 과정은 아래 화면에서 매번 시작할 것이다.

Generate → LMB 하여 팝업창을 닫아 준다.

필수적으로 알아 둬야 할 자주 사용하는 설정:

아래 옵션 설정들은 제일 많이 언급되는 부분이므로 항상 확인하고 체크하기 바란다.

Object Properties:

속성 창으로서 Transform은 Viewport에서 오브젝트의 위치, 회전, 크기 값을 표시하여 준다.

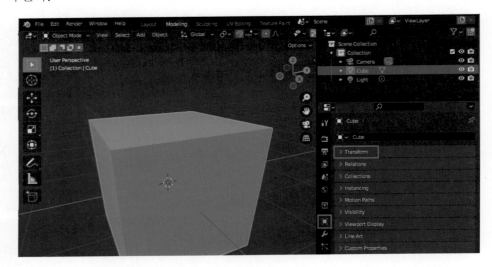

Modifier Properties:

속성 창으로서 Mirror, Solidify, Array, Circle 등을 사용하여 형태를 변경할 수 있다. **본 교재에서는 Mirror, Solidify, Array, Circle을 사용할 것이다.**

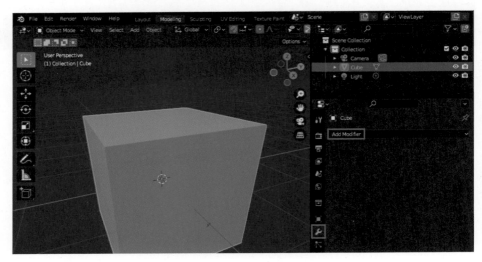

Material Properties:

재질을 정의할 수 있다. 본 교재에서는 필수적으로 사용하는 _shd 마테리얼을 생성
하는 데 활용된다.

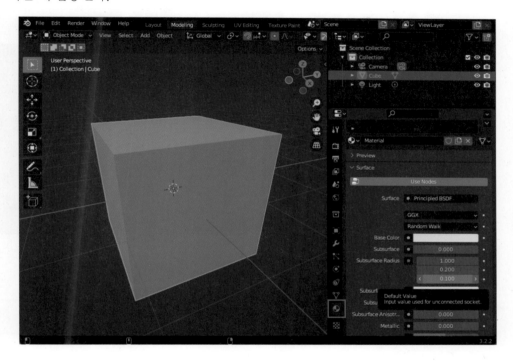

Outliner：

아웃라이어에서는 Viewport에서 보이는 오브젝트들을 계층 구조 형식으로 정리해 놓은 것이다. 이 공간에서도 오브젝트 삭제가 가능하고 Drag & Drop을 통해 계층 구조 이동도 가능하다.

2-2　기본으로 제공되는 육면체 삭제

정육면체가 보이게 되는데 이 정육면체를 LMB(좌 클릭) → 키보드 'X' → Delete → LMB 하면 정육면체는 사라진다. 만약 아래와 같이 Delete 팝업이 생기지 않는다면 사용자의 키보드가 한글 모드로 되어 있을 것이다. 영문으로 변환하여 다시 시도해 보자.

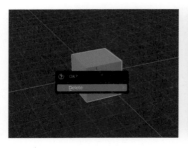

2-3　기본 조작법

　　다음은 기본적인 화면 조작 방법에 대해 알아보고 세부적인 조작 방법은 과제를 진행하면서 중간중간 다루도록 한다.

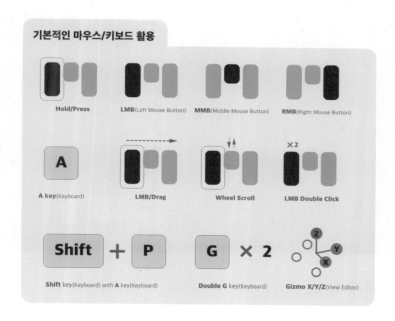

2-3-1 화면 컨트롤 방법

POI(Point Of Interest) :

선택(LMB) → MMB + Drag 하면 오브젝트 시점으로 화면이 회전된다.

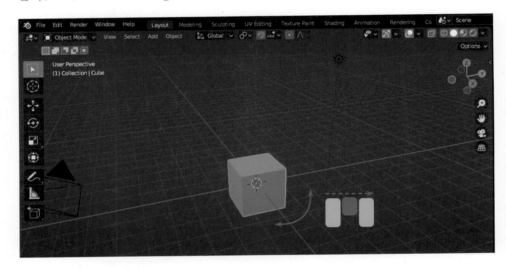

Zoom In/Out :

선택(LMB) → MMB Wheel을 올리면 zoom out, 내리면 zoom in이 된다.

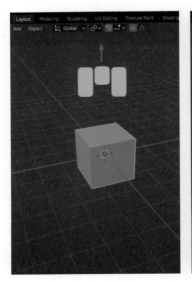
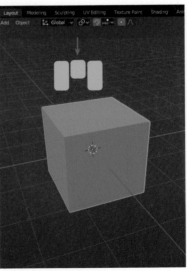

Pans:

Shift + MMB Drag 하여 오브젝트 시점으로 화면을 움직이게 된다.

 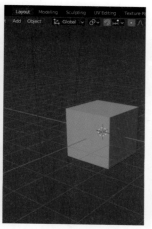

Focus:

아래 둘 중에서 어떤 방법을 사용해도 결과는 같다.

1. 선택(LMB) + 숫자 패드의 ".(period Key)" + Zoom In
2. 선택(LMB) + "/(SLASH)" + Zoom In/Out

 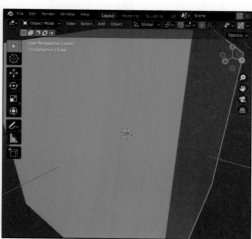

XYZ View Port:

XYZ View Port: 선택(LMB)+ Alt + MMB + Drag 하여 원하는 X, Y, Z View를 볼 수 있다. 또한, 우측 상단 Ⓐ Gizmo의 좌표를 클릭해도 같은 효과가 있다.

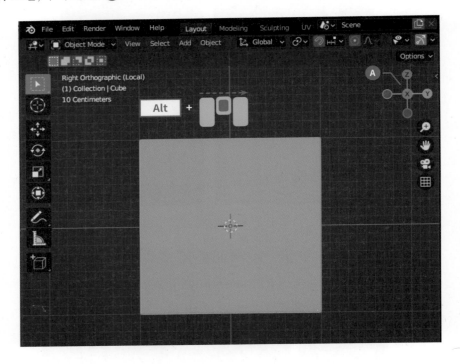

2-3-2 오브젝트 컨트롤 방법

Gizmo X, Y, Z 방향으로 오브젝트를 이동, 회전, 크기 조절할 수 있도록 지원하는 3차원 좌표계이다. 참고로 X 방향은 R(Red), Y 방향은 G(Green), Z 방향은 B(Blue)를 의미한다.

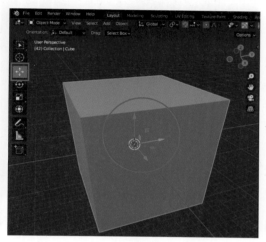

Select Tool:

선택을 도와주는 툴로서 "W"를 반복해서 누르면 일반, 사각, 원, 올가미 순으로 선택 툴을 사용할 수 있다. 일반적으로는 Select Box를 주로 사용한다.

또한, **적전 명령을 해제할 때도 사용이 된다.** (예: Move 명령 후 Move 명령을 해제할 때 Select Box를 클릭하면 해제된다.)

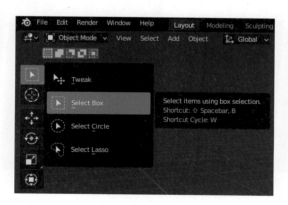

Cursor Tool :

Cursor Tool은 가급적 사용하지 않도록 한다. 아래 이미지와 같이 World의 중앙에
있도록 두는 것이 좋다.

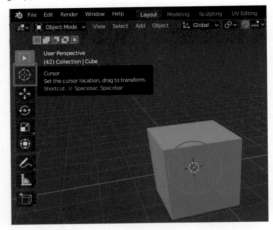

만약 3D Cursor가 아래와 같이 중심에 있지 않다면 **Shift + S → Cursor to World
Origin** 하여 World의 중앙에 배치한다.

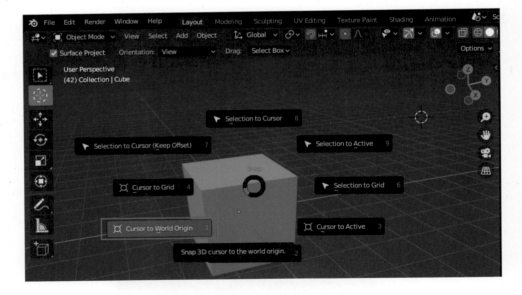

Move Tool:

LMB → Move → 기즈모 LMB + Drag 하여 X, Y, Z 좌표로 오브젝트를 이동할 수 있다. 또한, Hot Key "G" + 'X'를 하면 X축으로 이동이 가능하다. Y축과 Z축도 같은 방식으로 이동이 가능하다.

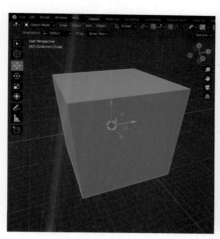
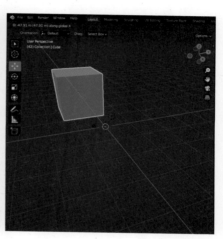

Rotate Tool:

LMB → Rotate → 기즈모 LMB + Drag 하여 X, Y, Z 좌표로 오브젝트를 회전할 수 있다. 또한, Hot Key "R" + 'X'를 하면 X축으로 이동이 가능하다. Y축과 Z축도 같은 방식으로 이동이 가능하다.

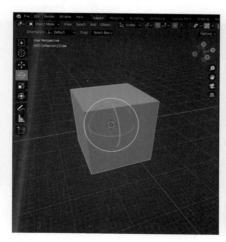
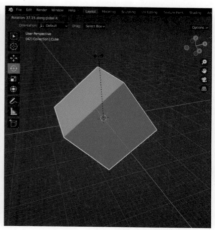

Scale Tool :

LMB → 기즈모 LMB + Drag 하여 X, Y, Z 좌표로 오브젝트를 크기 조절을 할 수 있다. 또한, Hot Key "S" + 'X'를 하면 X축으로 이동이 가능하다. Y축과 Z축도 같은 방식으로 이동이 가능하다. **"W" 키를 사용하면 명령 해제가 된다.**

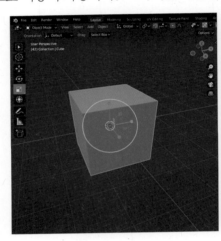 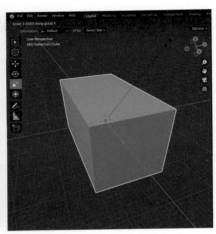

Interaction Mode :

Object Mode와 Edit Mode 등으로 전환이 가능하며 Object Mode에서는 이동, 회전, 크기 조절 등이 가능하고 Edet Mode에서는 Vertex, Edge, Face를 선택한 후 편집이 가능하다. Object Mode와 Edge Mode 전환은 Tap 키로 할 수 있다.

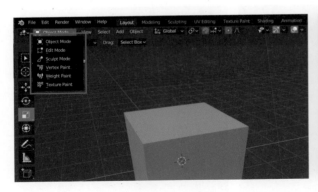 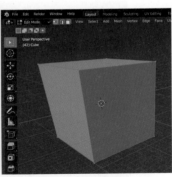

Edit Mode → Vertex 상태 → Move를 이용해 Vertex를 선택한 후 이동(LMB + Drag)할 수 있다.

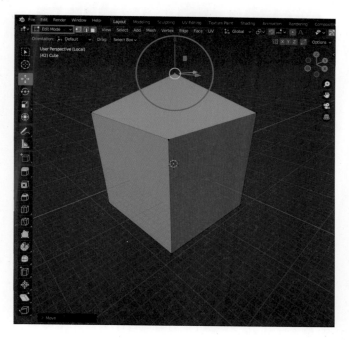

Edit Mode → Edge 상태 → Move를 이용해 Edge를 선택한 후 이동(LMB + Drag)할 수 있다.

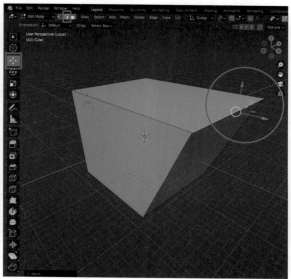

Edit Mode → Face 상태 → Move를 이용해 Face를 선택한 후 이동(LMB + Drag)할 수 있다.

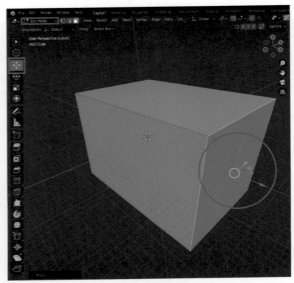

이번에는 육면체를 지우고 구 형태를 편집해 보자.

(좌측 이미지) Object Mode → 육면체 오브젝트를 선택하고 "X" → Delete 하여 삭제한다.

(우측 이미지) 다음 Add → Mesh → UV Sphere를 불러오기 한다.

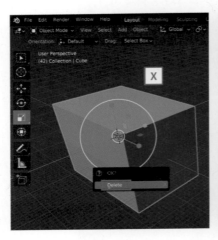
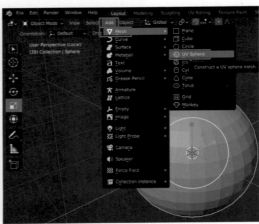

Orientation을 Default로 하고 Vertex를 이동하면 World 방향으로 Gizmo가 활성화되어 이동이 가능하다.

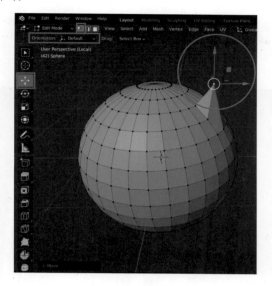

Orientation:

Orientation을 Normal로 하고 Vertex를 이동하면 표면의 Normal 방향으로 Vertex 이동이 가능하게 된다. **의상과 같이 곡면이 많은 부분을 편집할 때 유용하게 사용된다.**

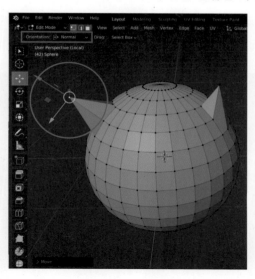

Edge Slide :

Default → Move 하여 Z 방향으로 이동하면 Face를 벗어나서 Vertex가 이동하게 된다. 하지만 같은 Default 상태에서 "G" × 2 → Z 방향으로 LMB+ Drag 하여 이동하면 Vertex가 Face를 벗어나지 않고 Edge를 타고 미끄러지기 때문에 형태가 왜곡되지 않는다.

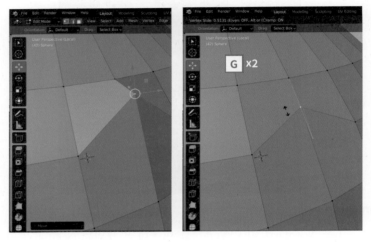

Wireframe(와이어프레임) :

Wireframe을 체크하면 기본 셰이더에 와이어프레임이 보여서 시각적으로 편집 시 용이하다. 우리는 대부분의 작업을 Wireframe에서 실시할 것이다.

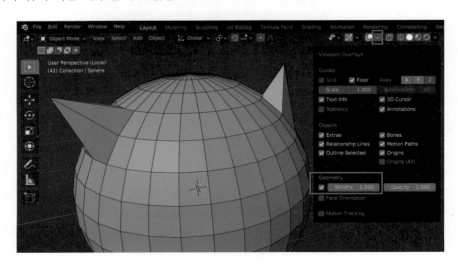

Edit Mode에서 아래 ❶과 같이 ❷ 사각 영역으로 선택하면 뒷면이 같이 ❸ 선택되지 않는다. 앞부분만 선택을 원하면 이런 방식으로 하면 되지만 뒷면까지 선택해야 하는 상황에서는 다른 방법을 사용하여야 한다. [참고: 아래 선택 영역과 동일하게 선택되지 않아도 상관없다. 이 작업은 뒷부분의 선택 여부만 확인을 하면 되기 때문이다.]

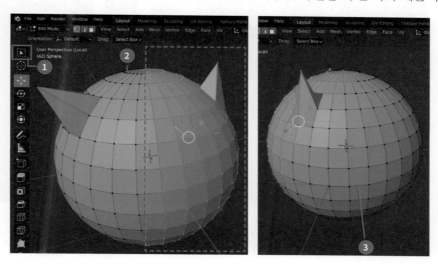

X Ray :

Viewport Shading → X Ray에 체크하면 아래와 같이 뒷면 Mesh도 투영돼서 보일 것이다.

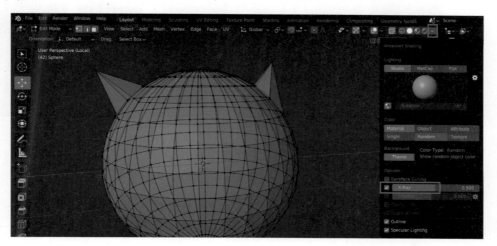

다시 한번 아래와 같이 사각 영역으로 선택을 해 보자. 그러면 우측과 같이 뒷면도
선택이 될 것이다.

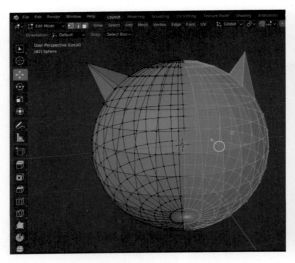 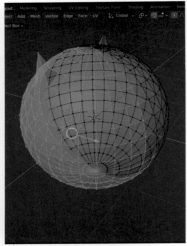

"X" 키 → Face로 선택된 Face를 삭제하도록 한다. 그러면 우측과 같이 보일 것이다.

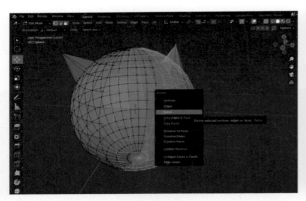 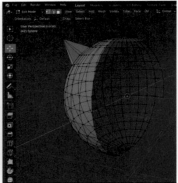

Viewport Shading → X Ray를 해제하면 아래와 같이 구의 앞면과 뒷면이 구분이 가지 않아 편집 작업 시 시각적으로 불편함이 있을 수 있다. 해결 방법은 이어서 설명한다.

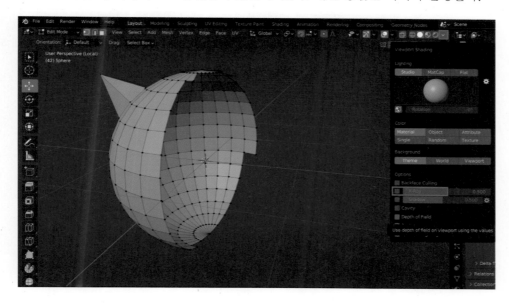

Backface Culling :

그렇다면 Backface Culling을 통해 뒷부분이 앞부분과 구분될 수 있도록 반투명 처리한다.

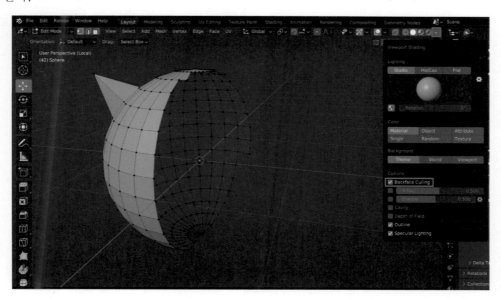

Mirror:

Edit Mode → Vertex → Mirror X → Move → 아래 좌측 이미지와 같이 Vertex → LMB → Gizmo R 방향으로 이동하게 되면, 반대편도 같이 이동하게 된다. 이때 Mirror의 축을 X로 하면 Gizmo X 방향으로 미러가 되고, 우측 이미지처럼 Mirror의 축을 Y로 하게 되면 Gizmo Y 방향으로 미러가 되게 된다. Mirror Z도 같은 방식으로 미러가 되게 된다.

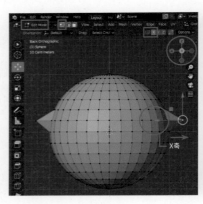 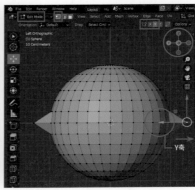

Proportional Editing:

이동하는 Vertex 주변으로 비율적으로 따라 움직이는 명령으로서 의상의 볼륨을 부분적으로 올리는 데 주로 사용된다.

Edit Mode → Vertex 상태에서 → Move → 구의 우측 Vertex 하나를 클릭하고 Gizmo G 방향으로 LMB + Drag 하여 이동해 보자.

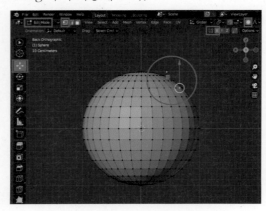

❶ LMB에서 손은 떼지 않은 상태에서 ❷ 중지로 마우스 휠을 굴리면 브러시 크기 (아래 그림에서 회색 원)를 조절할 수 있다. 그러면 브러시의 크기에 따라 이동에 대한 적용 범위가 달라진다.

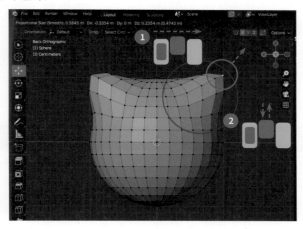

Loop/Ring Selection:

오브젝트의 Vertex, Edge, Face들을 선택할 때 loop 형태와 Ring 형태로 선택이 가능하다. 좌측은 loop 선택으로서 Alt + ❶ 부분 LMB, 우측은 Ring 선택으로서 Alt + ❷ 부분 LMB 하면 된다. 본 교재에서 매우 유용하게 활용될 것이다.

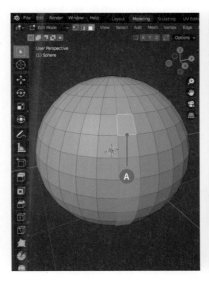

3. 유니티 설치

포털사이트에서 "Unity Hub 다운로드 유니티 허브"를 검색하거나 https://unity3d.com/kr/get-unity/download를 주소창에 검색한 후 시스템 요구 사항을 점검하고 Unity Hub 다운로드를 실시한다.

우측 설치 영상은 아래 유니티 설치에 대한 설명과 같은 내용이므로 영상과 아래 설명을 적절히 참고하여 진행하도록 한다.

유니티 허브 다운로드 사이트

설치영상

설치 완료되면 로그인 → ID 생성 → ID 만들기 → 이메일 확인 후 계속 → 자신의 이메일 확인 후 Link to confirm email로 접속 → 로그인하여 회원 가입부터 로그인까지 진행한다.

Unity Hub 설치를 정상적으로 진행하고 나서 바탕화면의 아이콘을 더블클릭한 후 Unity Hub에 진입 → Unity Hub 창 안에서 로그인 → 설치 → 에디터 설치 → 아카이브 → 아카이브 다운로드 → Unity 2020.X → Unity 2020.3.9.f1 Unity Hub를 선택하여 Hub 내부에서 Unity 다운로드하고 설치를 진행한다. (Unity 사용 버전은 제페토 스튜디오에서 업그레이드에 따라 달라질 수 있으니 확인하는 습관을 들이자)

그러면 아래와 같이 유니티 설치가 진행된다. PC 사양에 따라서 다소 적지 않은 시간
이 소요될 수 있다.

로그인이 완료된 제페토 스튜디오 창

최종적으로 설치 완료되면 아래와 같이 프로젝트 창에서 새 프로젝트를 생성할 수 있다.

3-1   Zepeto Default Project 템플릿 설치

유니티에서의 프로젝트는 원활한 사용을 위해서 **항상 ZEPETO Default Project 템플릿이 설치되어 있어야 한다.** 그렇다고 매번 설치할 필요는 없다. 최초에 한 번만 해주면 매 사용 시 템플릿을 선택하여 사용하면 된다.

3-1-1. 제페토 스튜디오 유니티 프로젝트 열기

④ 열기 → 1-5에서 다운로드한 '**제페토 스튜디오 Unity 프로젝트 파일 폴더 3.2.4**'를 선택한 다음, 열기하여 Unity Hub에 등록한다. [주의: 프로젝트 파일은 수시로 업데이트 여부를 제페토 스튜디오 사이트에서 확인한다.]

성공적으로 열리게 되면 아래와 같은 인터페이스가 보이게 된다. **앞으로 Unity에서의 Converting은 아래 화면에서 매번 시작**할 것이다.

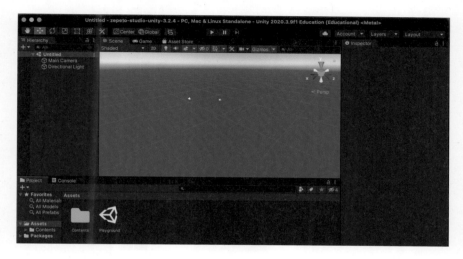

3-1-2. Unity 인터페이스 기본

Unity의 인터페이스는 기본적으로 좌측 게임 Object들의 계층 구조인 Ⓐ Hierarchy 창과 우측 Object들의 속성을 알려 주는 Ⓑ Inspector 창, 게임 Data, Script 등을 저장해 두는 Ⓒ Project 창, 중앙의 게임을 편집하고 플레이 장면을 볼 수 있는 Ⓓ Scene 창으로 나눌 수 있다.

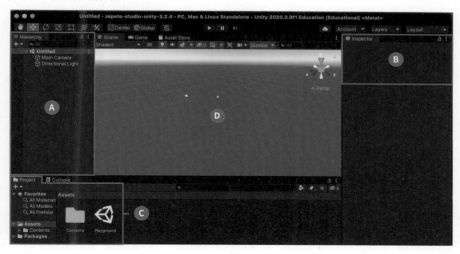

PART

..

제페토 아이템 제작 파이프라인

본 장은 눈으로만 익히기 바라며, Ⅲ장에서 본격적으로 모자부터 하의까지 난이도별로 과정을 진행하고자 한다.

1. 3D Modeling
(이 부분은 눈으로만 익히도록 합니다.)

블렌더로 시작하는 가장 첫 단계인 3D 모델링에서는 제페토 스튜디오에서 다운로드한 가이드 템플릿 파일을 사용하여야 한다. 모델링 시 아이템별로 데이터 용량을 고려하여 모델링하여야 하고(용량 초과이면 승인 거절 사유가 된다.) 마테리얼 설정 등을 완료하여 .fbx 확장자로 내보내기 한다.

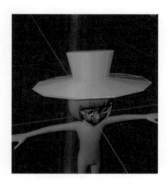

2. UV Mapping

UV Mapping 과정은 완성된 3D 모델링을 전개도 방식으로 펼쳐 줌으로써 이미지 편집 툴로 색상을 적용할 수 있도록 한다. 모델링 다음으로 중요한 과정으로서 이 과정에서 오류가 발생되면 제대로 색상과 재질이 입혀지지 않는다. 완료되면 .png 확장자(512px)로 내보내기 해야 한다.

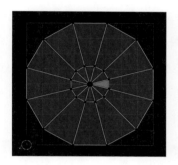

3. Rigging & Skinning

UV Mapping이 완성된 모델링된 아이템이 캐릭터의 움직임에 영향을 받기 위해서는 필수적으로 조인트를 다루는 리깅(Rigging)과 조인트와 아이템을 연결해 주는 스키닝(Skinning) 과정을 성공적으로 수행해야 한다.

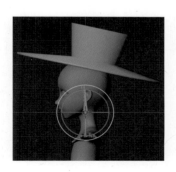

4. Texturing

본격적으로 색상과 재질 정보를 생성하는 과정으로서 포토샵 등 이미지 편집 툴을 이용하는데, 본 장에서는 Pixlr라는 무료 이미지 편집 툴을 사용하여 Texture를 제작하고자 한다. 제페토 스튜디오에서는 .png 확장자와 가로세로 512pixel 사이즈만 업로드가 가능하므로 완성된 Texture는 제페토 스튜디오의 조건에 맞춰 저장하도록 한다.

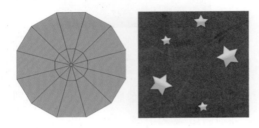

5. Converting

본 과정에서는 유니티를 사용하여 제페토 스튜디오에 업로드할 수 있도록 파일을 컨버팅하는 과정으로서 3D 모델링에 마테리얼과 텍스처를 적용하고 피팅 상태를 확인한 후 .zepeto 확장자로 내보내기 한다.

6. 심사 제출

여기는 전체의 마지막 과정으로서 제페토 스튜디오에서 위의 컨버팅된 .zepeto 확장자 데이터를 업로드하고 각종 상품 정보를 입력한 후 심사 제출한다. 심사 기간은 보통 3일에서 1주일 정도이고, 거절되면 전체 과정에서 문제가 없는지 점검한 후 다시 심사 제출을 할 수 있다.

PART

모자(Headwear) 만들기

'HEADWEAR_guide.fbx'(유니티 스튜디오에서 다운로드 받는 파일입니다.)

1. Headwear Modeling

1-1 **HEADWEAR_guide.fbx 파일 불러오기**

1) 블렌더를 열고 File → Import → FBX를 하여 **HEADWEAR_guide.fbx** 파일 불러오기를 한다.

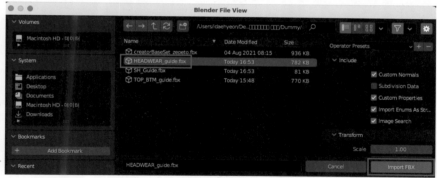

2) 불러오기가 완료되면 아래와 같이 캐릭터가 보이지만 작게 보일 수도 있을 것이다. MMB + Wheel + Drag 하여 Zoom In 한다. 우측 Outliner에서 Import 한 데이터 (Amature, dummyHair, mask)를 확인할 수 있다.

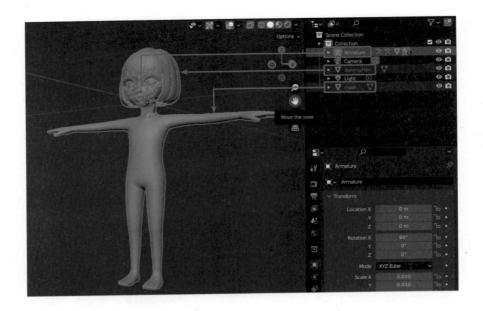

1-2 Extrude를 통한 형태 변형

1) Add → Mesh → Cylinder 하여 모자의 기본이 되는 실린더 형태를 추가한다. 엄청
나게 크게 생성이 될 것이다.

2) MMB + Wheel로 Zoom In/Out 하여 아래와 같이 적당히 보기 좋게 조절한 후 좌
측 하단의 Add Cylinder → LMB 하여 이래 치수대로 옵션을 수정한다.

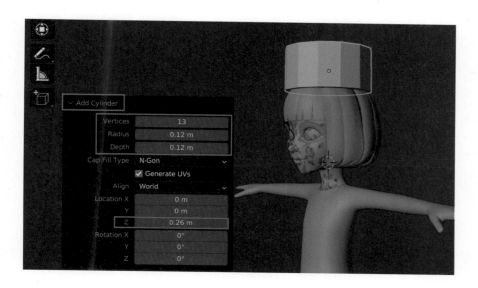

3) ❶ Edit Mode → ❷ Face Select 아래와 같이 ❸ 머리와 만나는 면을 LMB 선택하고 키보드 'X' 키로 Faces를 삭제한다.

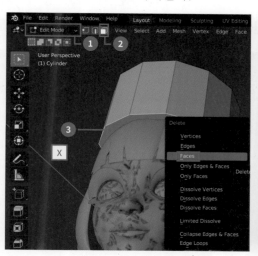

4) Edge Selection → Alt + LMB 하여 Edge loop를 실행한다. Edge loop를 사용하면 연결되어 있는 Edge를 모두 선택할 수 있다.

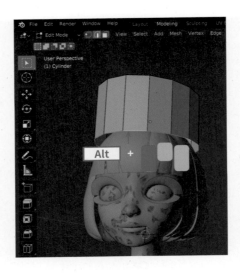

5) 다음 **1** Extrude → LMB + Drag → Extrude Along Normals을 선택하여 모드를
변경하면 우측에서와 같이 **2**노란 키가 생성된다. 노란 원의 키를 LMB + Drag 하여
챙의 크기를 조절하여 원하는 크기로 맞춘다. **[주의: 노란 키를 조절할 때 마우스를 계
속 Hold 한 상태에서 진행해야 한다. 다시 진행할 때마다 Edge가 추가되기 때문이다.]**

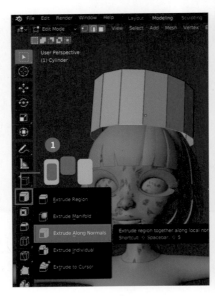
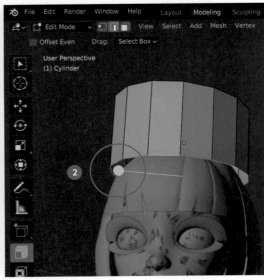

7) 단축키 "W"(Select Box)로 Extrude 명령에 대한 선택 해제한다.

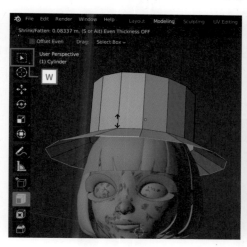

8) 우리는 원기둥에서 모델링을 시작하였다. 하지만 두상은 원기둥이 아니므로 타원 기둥 형태로 조절할 필요가 있다. **Ⓐ** Edge loop(Alt+LMB) → Scale(단축키: S) → **①** **②** **③** Gizmo X와 Y키를 이동하여 타원 형태로 조절한다. **Ⓑ**도 **Ⓐ**와 같은 방식으로 진행한다.

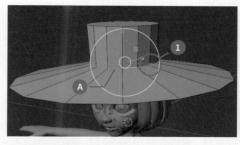
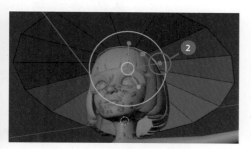

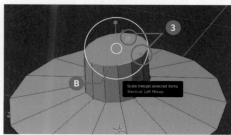

1-3 Loop Cut과 Select Mode(Move; Vertex/Edge/Face)를 통한 형태 변형

1) **A** Loop Cut → 2군데(**1** , **2**) LMB으로 Loop Cut을 하여 세부적으로 형태를 변형하기 위한 세분화 작업을 준비한다. (참고: Loop Cut은 데이터의 사용량과 직결됨으로 꼭 필요한 상황에서 사용해야 한다.)

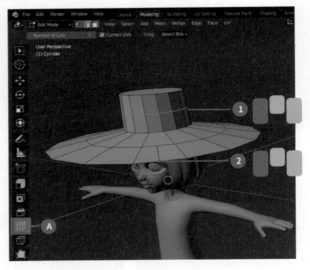

2) 챙에 2회 반복해서 Loop Cut을 한 후 loop 선택(Alt+LMB)하고, Move(단축키: G → Z)를 이용하여 아래와 같이 조금 더 부드러운 챙의 단면 곡선을 아래와 같이 만들도록 한다.

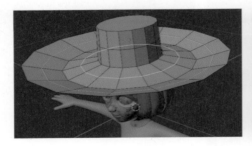

3) ① 모서리를 loop 선택(Alt + LMB)해서 선택한 후 ② Bevel → ③ 조절 키를 통해 모따기를 아래와 같이 적당하게 실시한다.

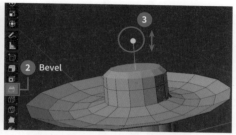

4) ② Vertex → ③ Move → ④ Mirror X 설정 후 → ⑤ LMB 하여 Vertex를 이동한다. 이런 방식으로 모자의 세부적인 형태를 수정할 수 있다.

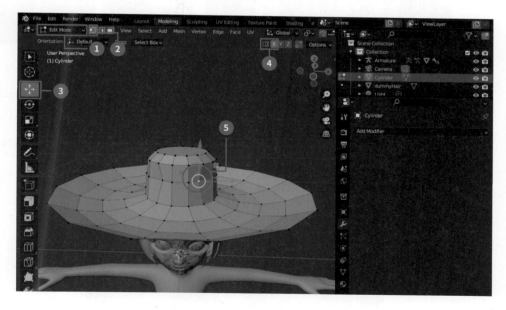

5) Vertex를 이용하여 아래와 같이 챙을 제외한 부분에 최대한 모자와 유사하게 조절한다. (참고: 아래 이미지처럼 정면과 측면을 보려면 Alt + MMB + Drag 하면 된다.)

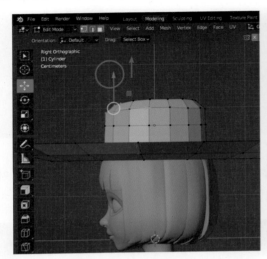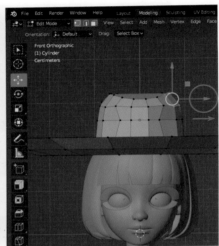

6) ❶ Orientation을 Normal로 변경하여 ❷ Vertex를 Normal 방향으로 이동해 보자. 이렇게 하면 기존 Default의 World 방향으로 이동하는 것보다 형태 왜곡 없이 원활하게 변형이 가능할 것이다. 아래 그림에서는 챙의 앞부분을 조금 짧게 조절하였다.

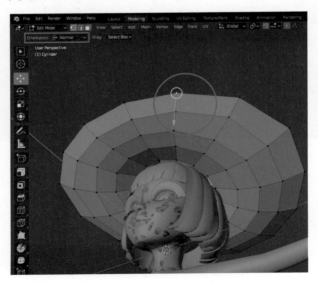

7) 아래 그림과 같이 ❶ Right View → ❷ Edge loop 선택(Alt + LMB) → ❸ Scale → ❹ Gizmo Y를 움직여 볼륨감을 추가한다.

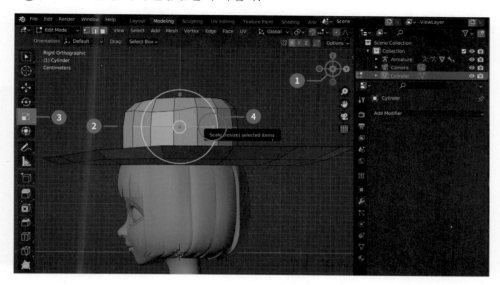

8) ❶ Loop Cut을 통해 아래 그림 지점에 ❷ Edge를 추가한다. 이 작업은 와이어 띠 부분을 표현하기 위하여 미리 위치를 확보해 놓는 것이다.

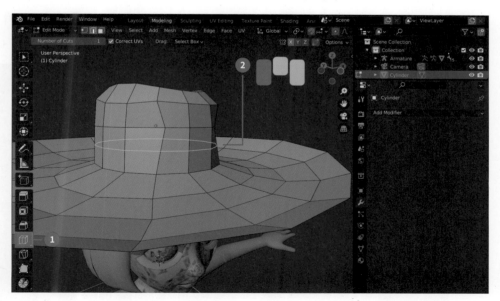

9) 다음은 두께를 생성할 것인데, 두께 생성 전에 디테일을 제외한 전체적인 형태는 어느 정도 완성하고 두께를 생성하는 것이 좋다. **[주의: 미리 두께를 만들어 버리면 오히려 완성까지 더 많은 시간이 소요되니 주의하기 바란다.]**

따라서 Normal과 Global을 적절히 이용하여 최대한 완성도를 높이기 바란다.

[주의: Loop Cut은 추가로 생성하지 말 것]

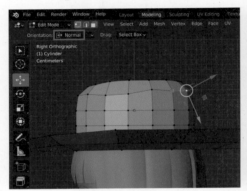 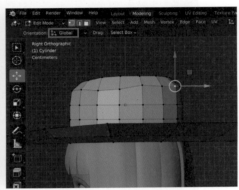

10) 다음은 Right View에서 모자가 뒤통수 부분에 반쯤 걸치게 이동하고 회전할 것이다. 하지만 셰이더가 Default 값으로 되어 있기 때문에 모자가 얼마만큼 머리 부분과 교차하는 지 알 수 없다. 이럴 때 **X-Ray 기능을 이용하면 물체들이 반투명으로 투영되어 보여** 작업이 수월해진다. Object Mode → Viewport Shading → X Ray 하여 반투명 상태로 만든다.

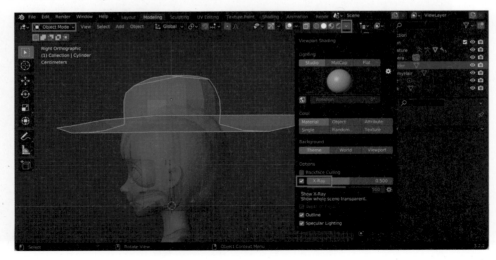

11) 오브젝트가 선택된 상태에서 Rotate 키를 사용하여 적절하게 Gizmo R로 회전한다.

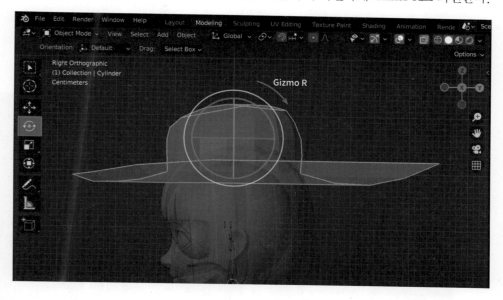

12) Move 키 → Gizmo Y 방향으로 적절하게 이동한다. [참고: Move와 Rotate를 적절하게 활용하여 원하는 위치를 정한다.]

지금 위치가 정확하지 않더라도 향후 수정이 가능하니 걱정하지 않도록 하자.

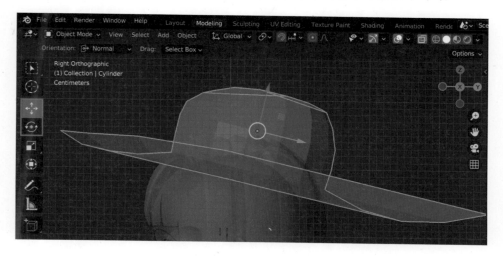

13) Mesh 편집이 완전하게 마무리가 되었다면 Object Mode → Add Modifier → Solidify 하여 두께를 생성한다.

아래와 같이 두께가 생성될 것이다. 우측 Thickness에서 두께를 조절할 수 있다. 여기에서는 0.01m로 두기로 한다.

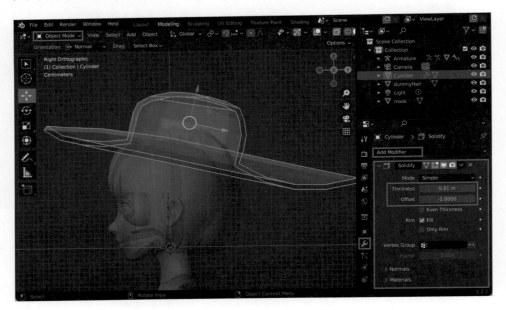

14) Viewport Shading → X Ray 해제 상태로 만든다.

15) ❶ Edit Mode → ❷ Edge → ❸ loop 선택(Alt + LMB) → ❹ Bevel 하여 아래와 치수 ❺ 같이 모서리 부분 모따기를 실시한다.

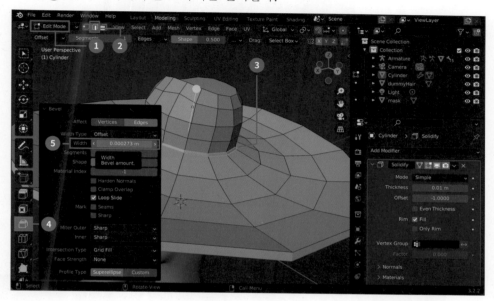

16) Object Mode → Object (모자)선택 → RMB → Shade Smooth 하여 Mesh를 부드럽게 한다.

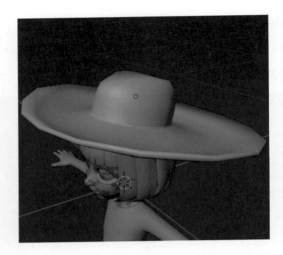

17) [참고만 하자: 만약 Hard Surface와 같이 특정 각도는 유지하고 Shape 하고자 할 때는 Auto Smooth의 각도를 통해 제어할 수 있다. 100%에 가까울수록 Smooth 강해진다.]

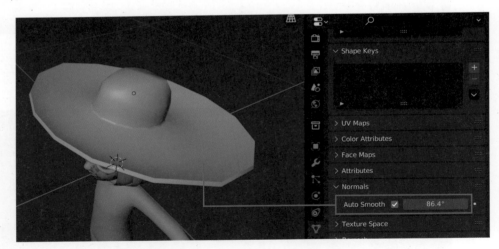

1-3 와이어 형태 장식 만들기

1) 아래 이미지와 같이 모자를 제외한 모든 오브젝트는 숨기도록 하자.

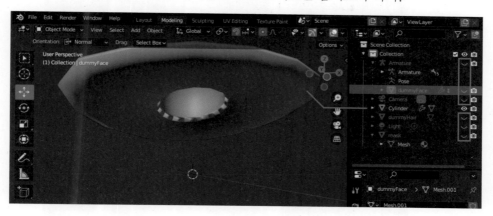

2) Object Mode → Add → Curve → Path 하여 커브 Path를 생성하자. 생성한 패스가
아래와 같이(노란 선) 매우 크게 보일 수 있다.

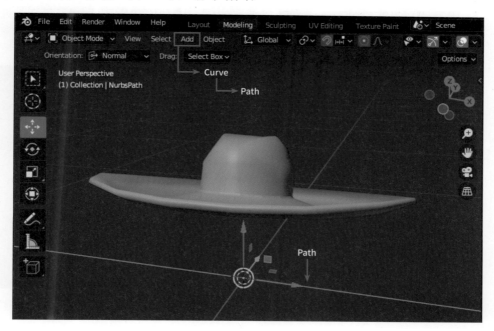

3) ❶ Edit Mode로 전환하고 모든 ❷ Vertex를 선택 → ❸ Scale 하여 적당한 크기
로 ❹ Gizmo R 방향으로 아래와 같이 작게 조절하고 한다.

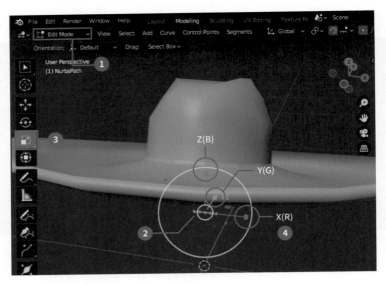

4) Move를 통해서 모자의 앞부분에 올 수 있도록 적절하게 이동하자. 이때 아래 좌
우측 이미지와 같이 Top view와 Right view를 전환(Alt + MMB Drag)하여 이동하면 훨
씬 수월하다. 정확하지 않아도 상관이 없다.

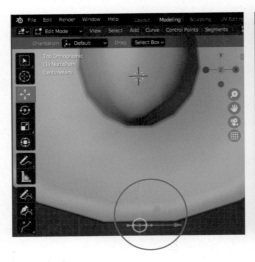
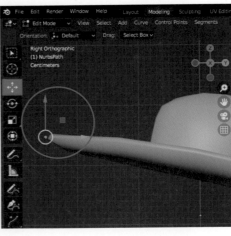

5) 다음은 Vertex를 개별적으로 선택하여 아래와 같은 모양이 나도록 이동하자. 인내심을 가지고 시간들 들여 이동하도록 하자.

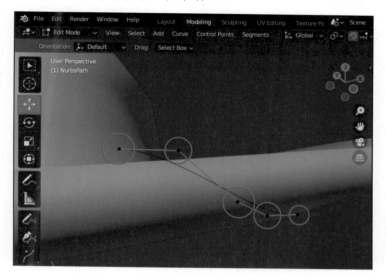

6) 끝부분 Vertex를 LMB 선택하고 'E' 키를 누르면 기존 선에서 연장이 가능하다. 양쪽 부분 모두 각각 연장해서 안으로 커브가 말리게 한다.

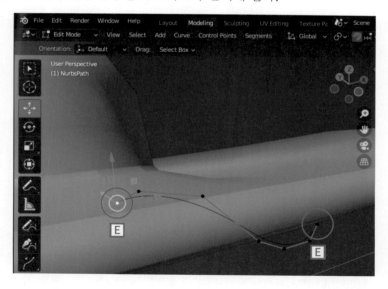

7) Object Mode → Add → Curve → Nurbs Circle를 생성하면 중앙에 원이 생성된다. 아마 너무 커서 Zoom In 해야 볼 수 있을 것이다. 원으로는 와이어 단면을 만들 것이다.

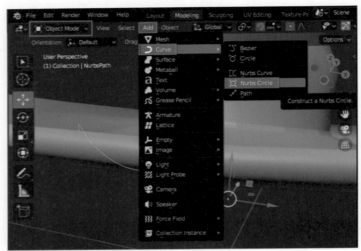

8) ❶ 하단 커브의 속성에서 원의 지름을 0.002로 조절한다. 너무 작아서 잘 보이지는 않지만 우측에 ❷ NurbsCircle이 Scene Collection에 보이게 된다. 그럼 성공적으로 원이 생성이 된 것이다. [만약 하단의 ❶ Add Nurbs Curve 창이 보이지 않는다면 우측 ❸ Object Properties → Scale X, Y, Z값을 0.02로 수정하면 된다.]

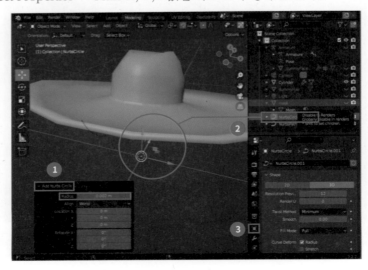

9) 와이어 단면이 될 원의 Resolution Preview U 값을 1로 조절하여 데이터 사이즈를 줄이도록 하자. 데이터가 크면 제페토 스튜디오에서 승인이 거절될 수 있다.

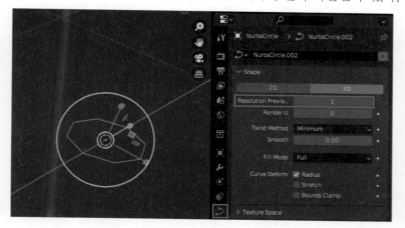

10) Ⓐ 와이어 Curve를 LMB 하고 나서 Ⓑ 우측 Object Data 속성 → Geometry → Object 한 후 슬롯에 위를 클릭하면 생성한 단면 원(NurbsCircle)을 슬롯 안으로 불러오기 할 수 있다. 그러면 아래 그림과 같이 단면 원 크기만큼 두께가 생긴다. 원리는 와이어로 생성된 커브를 따라 단면 원이 따라가면서 면을 생성하는 원리이다.

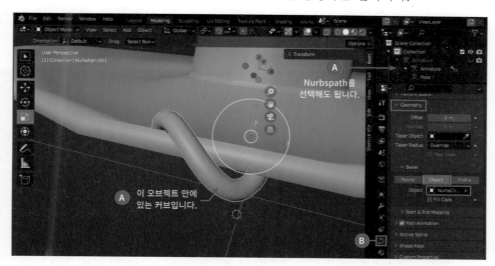

11) ① 오브젝트를 선택하고 ② Object Date Properties → Shape → Resolution 값을 1로 세팅하여 Mesh를 최소한으로 줄여 주면, 아래 이미지처럼 각이 져 보인다. 정상적이니 걱정하지 말자. 나중에 최적화에 도움이 될 것이다.

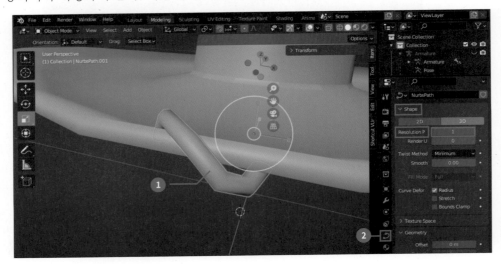

TIP 1. 와이어가 생각했던 것보다 두껍게 나올 수도 있다. 다음은 ① NurbsCircle을 선택한 후 ② Scale을 조절하여 원의 크기를 수정함으로써 오브젝트의 단면 크기를 수정할 수 있다. 만약 위에서의 두께를 수정하고 싶다면 사용해 보자.

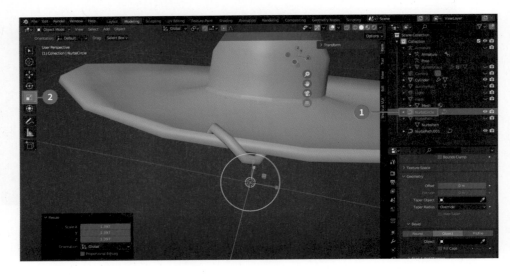

TIP 2 . 다음은 ➊ NurbsPath를 선택하고 ➋ Edit Mode로 전환한 후 ➌ Vertex를 Move로 이동하여 주면 세부적으로 수정할 수 있다.

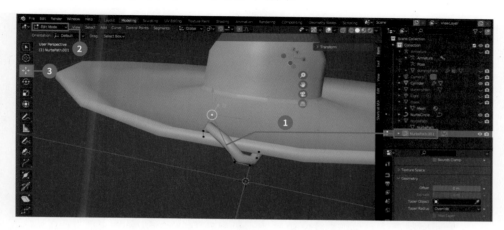

12) 현재 선택된 오브젝트는 중심점과 커서가 서로 떨어져 있다. 다음에서는 오브젝트를 기준으로 중심점과 커서를 일치하는 작업을 진행할 것이다. 이렇게 하는 이유는 기존 위치 값에 대한 오류를 피하고 원활한 배열을 위한 설정 정도로 이해해 두자.

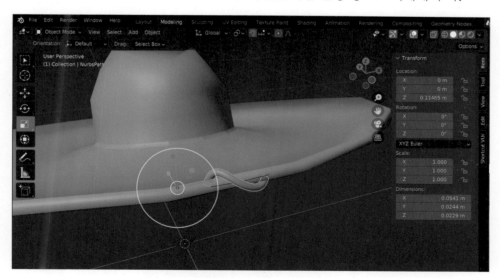

13) 오브젝트를 선택하고 **1** RMB → Set Origin → Orient to Center of Mass Surface 하여 중심점(Pivot)을 오브젝트의 중심 위치로 이동시킨다.

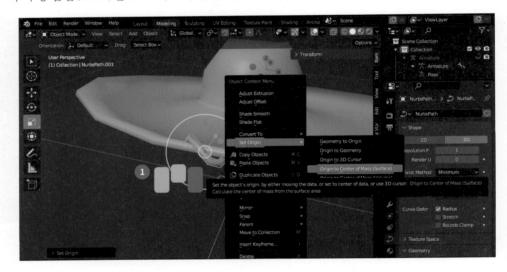

14) 아래와 같이 오브젝트 중심(Pivot)으로 노란 중심점이 들어온 것이 보일 것이다. 참고로 중심점이라는 것은 오브젝트 부피에 대한 중심점임으로 중심점이 아래 이미지 와 같이 꼭 오브젝트의 위에 오지 않을 수도 있다.

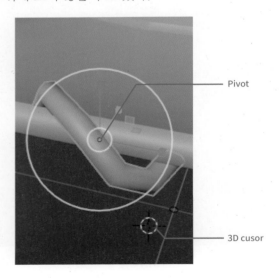

15) 오브젝트를 선택하고 Shift + S → Cursor to Selected 하여 커서를 오브젝트의 중심으로 3D Cursor를 배치한다.

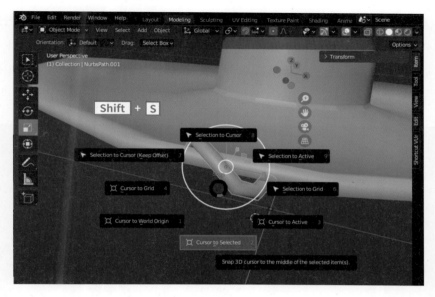

16) 아래 그림과 같이 오브젝트를 중심으로 노란 중심점(Pivot)과 3D Cursor가 공존해 있는 것을 확인할 수 있다.

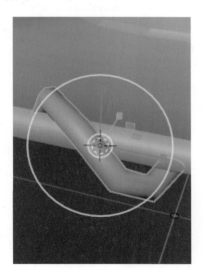

1-4 와이어 형태 장식을 Array로 복사하기

1) 다음은 NurbsPath 오브젝트가 모자 챙의 주변으로 Array 복사가 될 수 있도록 할 것이다. 그 전에 우선 NurbsPath가 복사될 기준이 되는 Curve를 생성해야 한다.

Object Mode에서 Add → Curve → NurbsCircle 하여 원을 생성한다. 아래와 같이 큰 NurbsCircle001이 생성될 것이다.

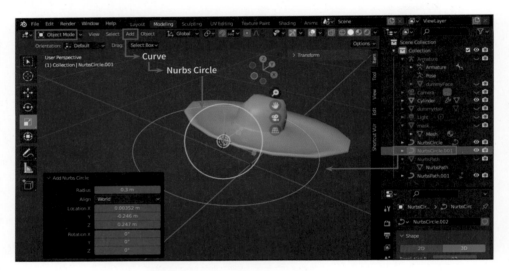

2) ❶ 와이어 오브젝트 선택 → ❷ Modifier Properties → Add Modifier → Array 하고 Count를 6개로 설정한다. 우선 6개의 같은 와이어가 보일 것이다.

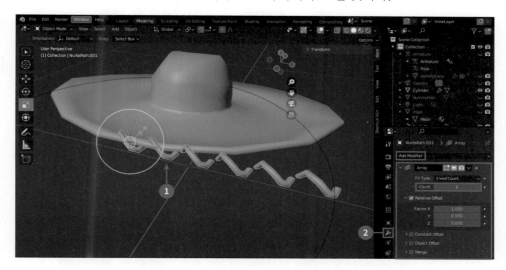

3) 다음은 이어서 와이어 오브젝트가 원(NurbsCircle001)을 따라 배열되게 할 것이다. ❶ Add Modifier → Curve 한 후 Curve Object에 위에서 생성한 오브젝트가 따라서 배열될 기준이 되는 ❷ 원(NurbsCircle001)을 선택한다. 그러면 그림과 같이 6개가 배열된다. 다음에는 기준 원을 모자 외곽 크기로 맞추고 와이어의 개수도 추가할 것이다.

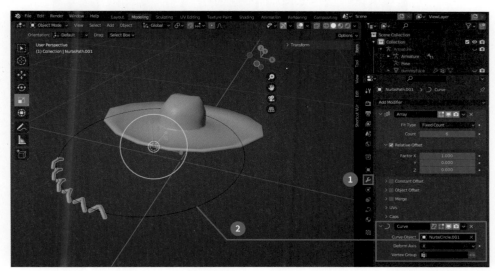

4) 기준 원(NurbsCircle001)을 편집하기 위해서 **❶** 기준 원을 선택하고 **❷** Edit Mode로 다시 돌아오면 Vertex가 보여서 점을 선택하고 이동이 가능할 것이다. 다음 모든 Vertex를 선택한 후 모자 주변으로 **❸** 이동하고 크기 조절하면 작업이 쉬워진다. 이때 Left View와 Front View를 적절히 오가면서 Vertex의 위치를 수정하면 쉽게 수정할 수 있다. Vertex를 동시에 이동하기 위해서는 Shift + LMB 하여 다중선택 후 이동하면 수월하다.

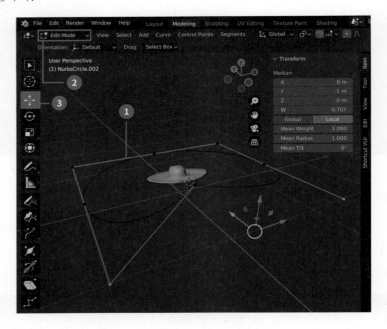

5) 아래 그림과 같이 양쪽 Vertex를 안으로 모으고 싶을 때는 해당 Vertex를 Shift + LMB 하고 크기 조절하면 된다.

6) 위의 과정을 번갈아 사용하면서 아래 그림처럼 만들어 보자.

만약 아래와 같은 문제(와이어가 어색하게 보이는 문제)가 생긴다면 ❶ Object Mode → ❷ 와이어 오브젝트 선택 → ❸ Rotate → ❹ Gizmo X로 회전을 통해서 수정이 가능하다.

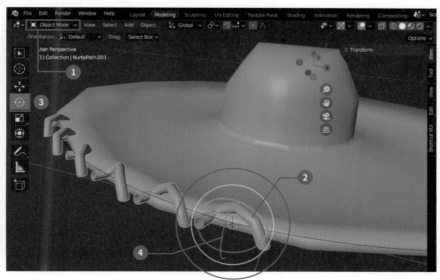

7) 참고로 경우에 따라 와이어가 모자 가장자리를 벗어나면 Edit Mode → 기준 원 (Nurbs Circle001)의 Vertex를 이동하여 수정하여야 한다.

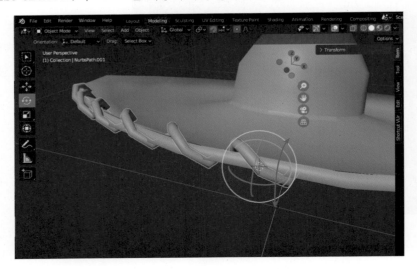

8) 다음 ❶ Object Mode에서 ❷ 와이어를 선택하고 ❸ Array 개수와 Factor X(오브 젝트와의 간격)의 치수를 수정해 보자. 또한, 업로드 승인을 위해서 5,000Tris 용량에 대한 조건에 맞아야 한다. 이는 ❹ Status를 체크한 후 ❺ Triangle에서 확인할 수 있다. 아래는 3,636Tris이므로 업로드 조건에 부합된다.

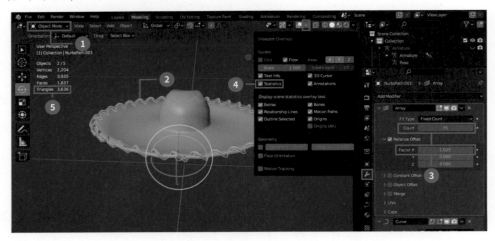

9) 위의 과정을 반복하여 원하는 모양이 나올 때까지 시간과 공을 들여 수정을 진행하자. 원의 크기에 따라 와이어의 간격을 고려하여 개수가 달라져야 할 수 있으니 위의 치수에 너무 연연하지 말자. 아래는 최종적으로 완성된 형태이다.

10) 지금까지 과정을 저장하고 난 뒤 한 번 더 다른 이름으로 저장하여 진행하도록 하자. 지금까지의 과정은 나중에 편집할 수도 있으니 남겨 두는 것이다. 이후 과정부터는 편집이 불가능해진다.

11) 현재의 와이어 오브젝트와 모자 오브젝트는 명령에 대한 기록들이 내장된 History가 남아 있기 때문에 UV 작업 가능한 Mesh로 변경해 줘야 한다. 따라서 Object Mode → ❶ 오브젝트 선택하고 ❷ RMB → Convert to Mesh 한다. 모자도 같은 방식으로 Convert To Mesh 한다.

12) 다음 우측 이미지와 같이 두 오브젝트 모두 선택하고 RMB → Join 해서 하나가 되게 한다.

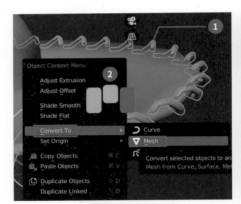
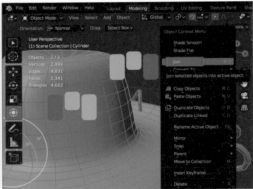

13) 다음 Curve(Outliner에서 NurbsCircle, NurbsCircle.001)도 선택하여 삭제하도록 하자. 지금부터는 필요가 없다.

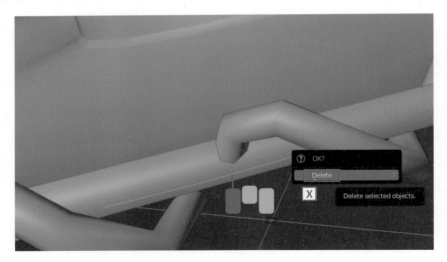

2. Headwear UV Mapping

2-1 Seam을 이용한 오브젝트 분리

1) 와이어프레임 상태로 전환하여 Seam을 분리하기 원활하도록 할 것이다. 참고로 여기서의 Seam은 옷 등 의상의 재봉선 정도로 이해하면 된다. **1** Overlays → **2** Wireframe 하여 와이어프레임을 보이게 한다.

2) UV Editing Work Space로 전환한다. 오브젝트 상태는 Viewport Overlay → Wireframe 상태에서의 작업을 추천한다.

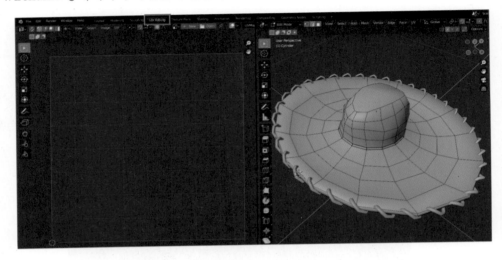

3) Edit Mode → Edge 상태에서 Alt + LMB을 통해 Loop 선택을 한다. 의상의 제봉선 역할을 할 것이다.

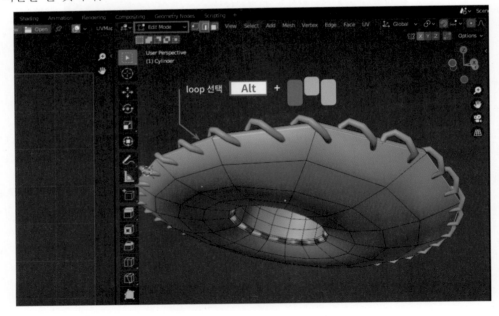

4) RMB → Make Seam 하여 재단한다. 그럼 재단된 부분이 두껍게 보일 것이다.

　[주의: Mark Seam 작업 시 연결이 끊어지지 않도록 하여야 한다. 만약 연결이 끊어져 있으면 Shift + LMB 하여 개별 선택한다.]

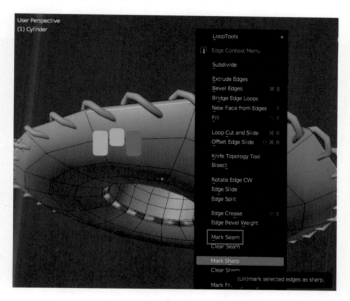

5) ❶ 첫 번째 Edge는 loop 선택(Alt + LMB)을 하고 ❷ 두 번째 Edge는 다중 loop 선택(Shift + Alt + LMB)을 하여 두 개의 Edge를 선택하고 나서 RMB → ❸ Mark Seam 하여 재단한다.

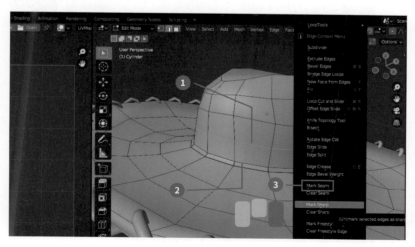

6) Object Mode → ❶ 와이어 오브젝트 선택 → Edit Mode 하여 Make Seam 할 준비를 하자. 다음 첫 번째 Edge는 loop 선택(Alt + LMB)을 하고, 두 번째 Edge부터는 다중 loop 선택(Shift + Alt + LMB)을 하여 각각의 와이어마다 Edge를 하나씩 선택하고 나서 RMB → Make Seam 하여 재단한다.

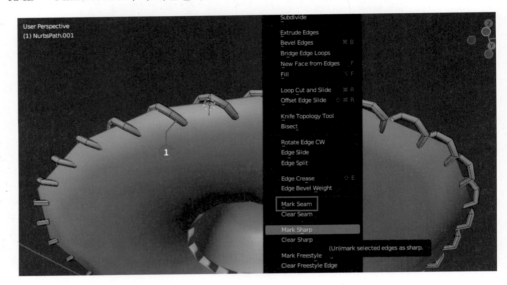

7) 아래는 재단이 완료된 이미지이다.

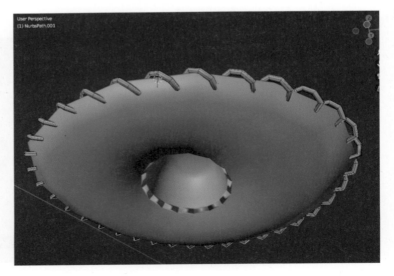

2. Headwear UV Mapping

8) ① Edit Mode → Vertex Mode → ② 'A키' 모두 선택 → 좌측에 UV map이 보일 것이다. (오브젝트가 Edit Mode에서 선택되어야 좌측의 UV가 보이게 된다.) 그리고 저자의 UV 모양과 여러분의 모양이 모델링에 따라 다소 다를 수 있다. 또한, 저자의 좌측 UV와 달리 UV가 보이지 않아도 걱정하지 말자. 다음 과정을 수행하면 문제가 자연스럽게 해결될 것이다.

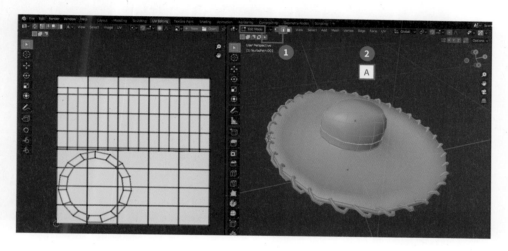

9) UV Work Space에서 ① 'A'로 모두 선택 → ② UV → Unwrap → Unwrap 하여 Mesh를 펼쳐 준다.

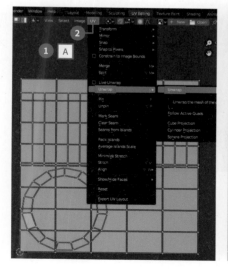
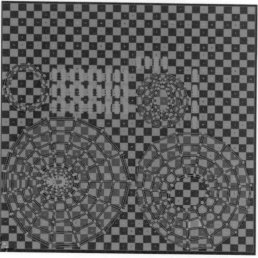

10) 체커를 확인하기 위해서 ① Shading → ② Material → ③ New를 실시하여 새로운 Material을 생성한다. Viewport에서 MMB Wheel을 통해 Zoom In, Shift + MMB Drag 하여 모자를 화면 중앙에 크게 보이게 한다.

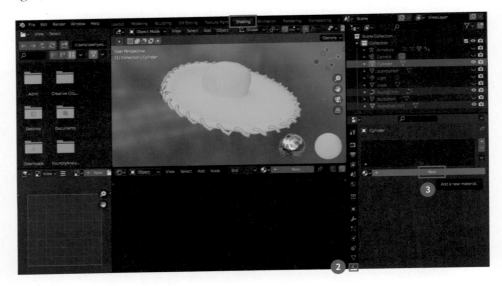

11) Add → Texture → Image Texture 하여 Image Texture를 추가한다.

12) ❶ New → ❷ Name을 Checker로 ❸ Generated Type을 UV Grid로 변경하고 Ok 한다.

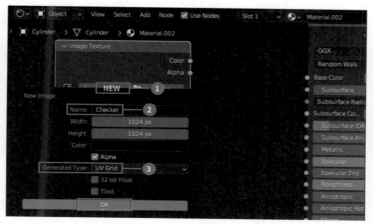

13) Color를 Base Color에 Drag 해서 노드를 연결하면 아래와 같이 오브젝트에 체커가 보일 것이다.

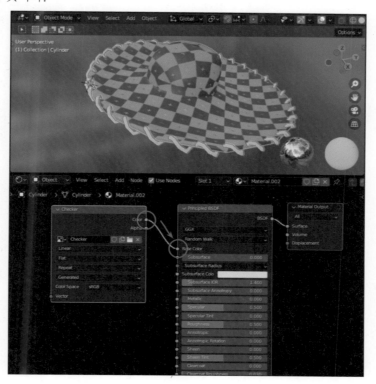

14) 다시 UV Edit Mode로 돌아와서 UV Work Space에는 **①** Checker를 선택하여 이미지를 링크해 주고, View Editor 상단 우측의 **②** Viewport Shading을 Material Preview 로 전환하면 두 화면 모두 체커가 보이게 된다.

15) View Editor에서 'A키' 모두 선택 → UV Work Space에서 'A키' 모두 선택 → UV → Pack Islands → Margin 값(0.046)을 조절하여 Mesh의 간격을 조절한다. (주의: 너무 붙어 있으면 Texture 작업 시 어려움이 있다.) UV 배치는 Mesh 상태에 따라 아래 그림과 다를 수 있으니 걱정하지 말고 진행하자.

16) 결과적으로 **체커는 일정한 크기를 유지해야 하고 일정한 방향으로 흐르는 것을 추천**한다. 지나치게 왜곡되면 Texture 작업 후에 결과물이 왜곡되어 보일 것이다. 쉽게 말하면 여러분들이 체커 문양의 모자를 만들 때 이미지 편집 툴에서 정사각형 체크를 만들면 아래와 같이 3D 모델에 내 의도와는 다르게 왜곡된 형태의 결과물이 나온다는 결론이다.

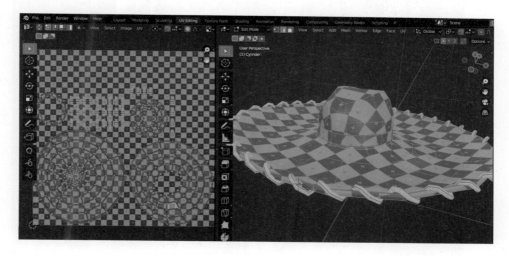

17) 머리의 띠 부분은 원형이었을 때보다 직선을 펼쳤을 때 Texture가 용이할 수 있다. 따라서 한 부분을 잘라 내어 펼쳐 보도록 할 것이다

18) ① Edge Mode에서 아래 그림과 같이 머리띠 Mesh의 재단하고자 하는 Seam ② 를 선택한 후 UV → Mark Seam 하여 절단면을 형성한다.

19) Vertex Mode → 모자의 띠 부분 중 임의의 두 ❶ Vertex를 선택 → ❷ RMB하여 아래와 같이 ❸ Align Auto 하여 사방을 수직/수평 정렬한다. (팁: 임의의 한 곳을 정할 때 가급적이면 사각형에 가까운 곳을 정하는 것이 좋다.) 아래 우측 그림은 정렬이 완료된 이미지이다. ❹ 직사각형이 되었다.

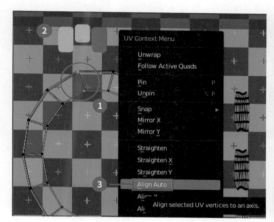
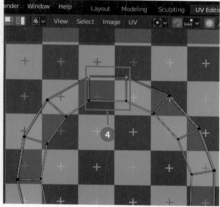

20) ❶ Face Mode → ❷ Face 선택 → ❸ RMB → ❹ Follow Active Quads 하여 기준이 되는 (선택된) 사각을 따라서 정렬해 준다. 가로로 길게 펼쳐질 것이다.

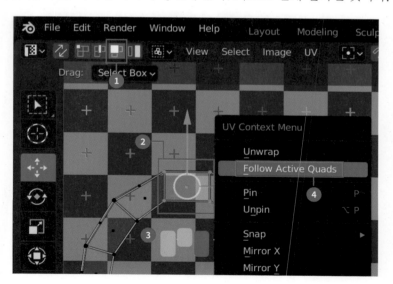

21) Mesh를 부분적으로 선택할 때는 선택하고자 하는 Mesh 위에 마우스를 올려놓고 'L' 키를 입력하면 Seam 절단면 기준으로 부분적으로 선택되게 된다. 아래 이미지와 같이 부분적으로 선택하고 이동 키로 다른 오브젝트와 중첩이 되지 않게 이동한다.

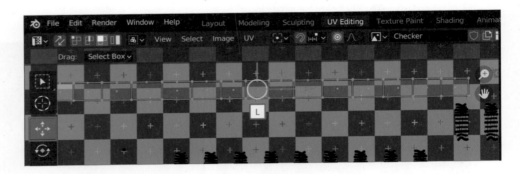

(주의: Mark Seam 할 때 절단면이 서로 연결되어 있어야 원활하게 절단이 가능하다. 만약 오류가 있다면 확대 후 절단면을 꼼꼼하게 체크해 보자.)

22) 다음은 필수 사항이 아닌 선택 사항이므로 꼭 따라 하지 않아도 좋다. 현재의 모자 모델링은 총 Tris 5,000이 안 되기 때문에 굳이 삭제(X)하여 Mesh를 줄일 필요는 없다. 참고로 아래는 불필요한 모자의 안쪽 Mesh를 선택 후 삭제하는 이미지이다.

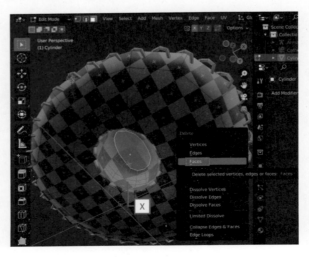

23) 아래는 모자의 안쪽부분으로써 모델링 시 자동 생성된 불필요한 조각 메시 삭제 과정이다. 만약 이런 조각 Mesh들이 없으면 이 과정은 생략해도 무방하다.

[주의: 이 과정 수행 시 Ⓐ와 같이 안쪽으로 말리기 시작하는 Mesh는 삭제하지 말아야 한다. 모자의 안쪽 부분이 보여서 제페토 스튜디오에서의 거절 사유가 될 수 있다.]

24) 다음은 UV Work Space에서 "A" 키로 모두 선택 → UV → Export UV Layout 하여 UV mapping 파일을 **'JessieHat.png'** 파일로 저장한다.

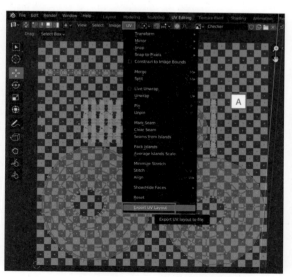

25) ① Outliner에서 오브젝트 이름을 LMB×2 → JessieHat으로 수정하고 ②
Material의 이름은 JessieHat_shd로 한다(필수). 여기서 오브젝트 이름은 자유롭게 정해
도 되나 Material 이름의 _shd 는 반드시 있어야 한다. 수정이 완료되면 Enter 한다.

3. Headwear Rigging & Skinning

3-1 계층 구조 정리

1) 불필요한 오브젝트를 Scene Collection에서 Ⓐ 선택하고 'X' 키로 삭제한다.
(삭제 항목: Camera, Light, NurbsCircle, dummyHair) 나머지는 아래 이미지처럼 보이게 한다.

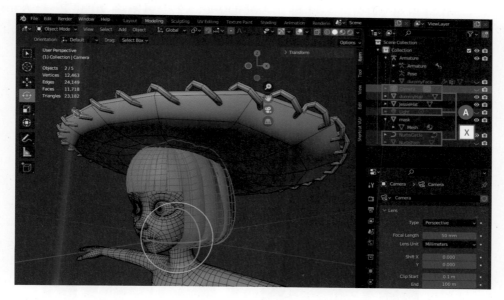

2) 이번에는 우리가 모델링한 JessieHat 파일을 Armature의 자식 개체로 만들어야 한다. Armature에는 오브젝트를 움직이는 조인트 정보들이 포함되어 있어서 조인트와 JessieHat가 서로 연동할 수 있도록 계층 구조를 정리하는 것이다.

3) 우선 자식 개체(JessieHat) ❶을 선택(선택 순서 중요) → Ctrl + ❷ Armature를 LMB 하면 글자 색상이 아래와 같이 변할 것이다. 그럼 1차 성공이다.

4) 다음 아웃라이너 왼편 바깥부분(3D View)으로 이동 후Ctrl + "P" → Armature Deform 하면 우측 Scene Collection에서와 같이 JessieHat이 Armature 아래로 들어가게 된다.

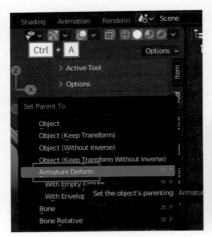

5) 다음은 캐릭터 오브젝트에 가려서 보이지 않은 Joint를 보이게 할 것이다. **①** Armature를 선택하고 **②** Pose Mode로 전환 후 **③** Object Data Properties → Viewport Display에서 **④** In Front를 체크하면 Joint가 보이게 된다.

6) **1** Object Mode → **2** Joint 선택 후 → **3** Rotate → 회전을 하면 두상과 모자가 같이 움직이게 된다. 이는 모자 모델링 JessieHat을 Joint가 있는 Armature의 자식으로 이동했기 때문에 가능한 일이다. 다시 Ctrl + Z 하여 원래 포즈로 되돌려 놓는다.

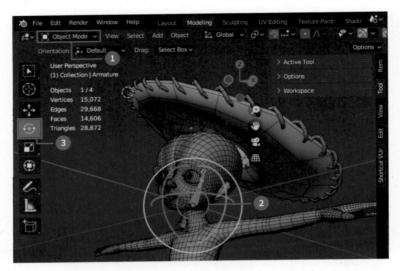

7) dummyFace는 더 이상 필요가 없기 때문에 ✗ 키로 삭제한다.

8) 마지막으로 Outliner의 Armature, JessieHat, mask를 다중 선택(Ctrl + LMB)하고 File → Export → Fbx(.fbx) 확장자로 저장한다. 파일 이름은 'JessieHat.fbx'로 한다. 나중에 유니티(Unity 3D)에서 활용될 것이다.

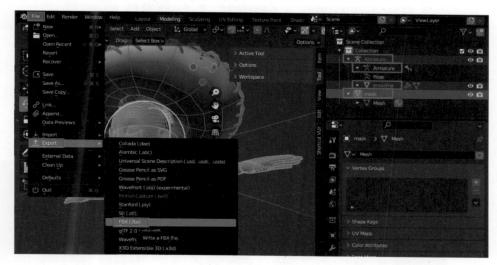

9) Selected Object하여 선택된 오브젝트만 저장하고 Object Types도 제페토 스튜디오에서만 활용되는 Armature, Mesh, Other만 선택한 후 Export FBX 한다.

4. Headwear Texturing

4-1 무료 이미지 편집 툴에 이미지 파일 불러오기

1) 이번에는 무료 이미지 편집 툴을 이용하여 모자의 색상을 정의할 것이다. 포털에서 Pixlr를 검색하여 입장한다. 다운로드 형식이 아닌 웹 형식이어서 PC에 설치하지 않고 와이파이 환경에서 사용이 가능하다. 우리는 'Pixlr E' 제품을 사용할 것이다.

2) 위의 UV 단계에서 저장한 'JessieHat.png' 파일을 이미지 열기로 불러오기 한다.

3) 아래 이미지처럼 블렌더에서 작업한 UV 파일이 보일 것이다.

[참고: 다음 아이템부터는 매번 이 시점에서 시작할 것이다.]

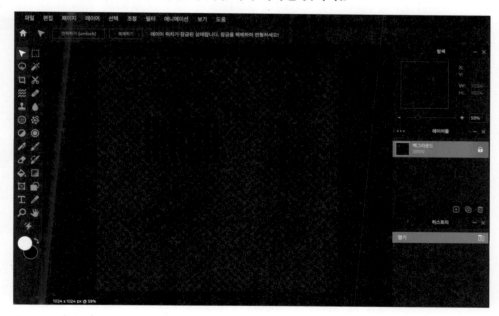

4) Pixlr는 잠시 내려놓고 이번에는 무료 텍스처 다운로드 사이트(pixabay)에서 모자에 활용할 텍스처를 다운로드하도록 하자. 회원 가입하지 않아도 이미지를 다운로드할 수 있다.

5) 사진 → Velvet 하여 아래 벨벳 이미지를 찾고 무료 다운로드한다.

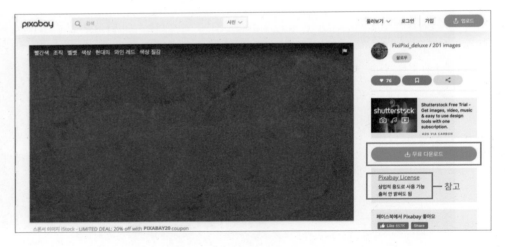

6) 다운로드한 벨벳 이미지를 Pixlr 작업 창으로 Drag & Drop → 기존 작업에 추가한
다. 그럼 레이어가 추가되면서 붉은 벨벳이 보일 것이다.

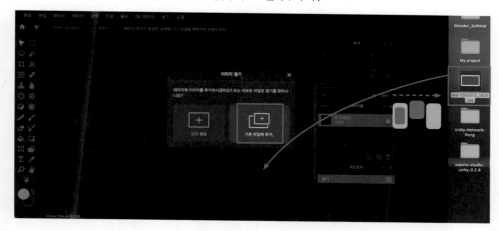

7) RMB → 블랜드 모드 → 색상 닷지 하면 벨벳 레이어 아래의 UV 정보가 보이게 된
다. 벨벳 이미지 편집 시 매우 편하게 사용된다.

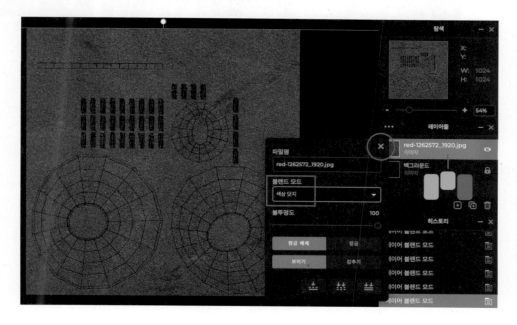

8) ❶ Red 이미지를 선택하여 ❷ 크기를 조절 사각 제어점을 잡고 (Ctrl +LMB+ Drag) 아래 이미지와 같이 UV의 해당 영역에 맞춘다.

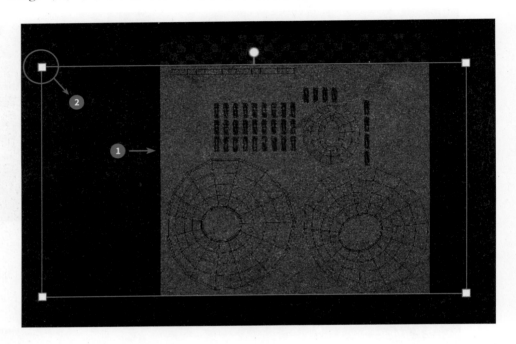

4-2 도형 추가 및 편집

1) ❶ '+' → 도형으로 새로운 레이어를 생성하고 나서 ❷ 도형 레이어를 드래그하여 ❸ red 레이어 위로 올라가게 한다.

2) 위와 같이 진행하면 가려서 안 보이던 도형이 제일 위에 보일 것이다. 위에서 생성

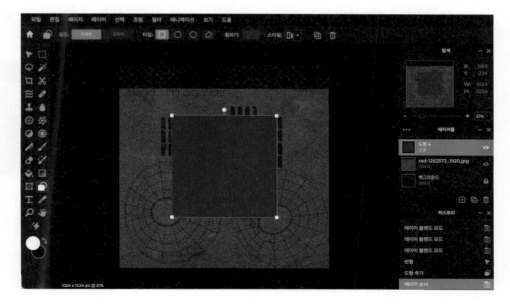

3) 한 도형 레이어를 ❶ 선택하고 RMB → ❷ 블랜드 모드: 곱하기로 설정을 바꾸고 "X"하여 창을 닫는다.

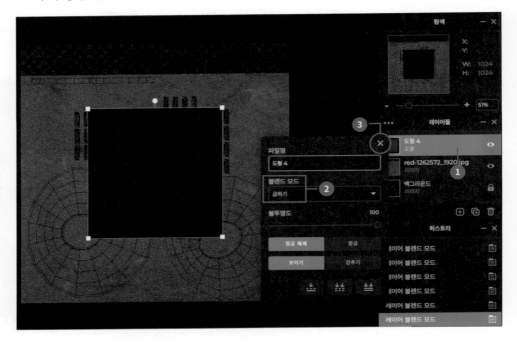

4) 와이어 Mesh 부분을 덮을 수 있도록 크기 조절/이동하고 나서 블랜드 모드는 없음으로 변경하고 닫는다.

5) 도형을 선택한 후 → RMB → 텍스트/요소 레스터화로 색상 변경이 가능하도록 변경한다.

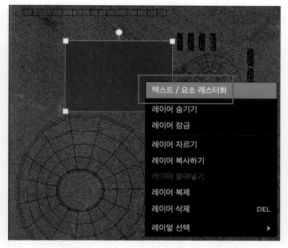

6) ① 페인트통 명령으로 ② 사각 영역을 LMB하여 전경 색(하얀색)으로 채운다.

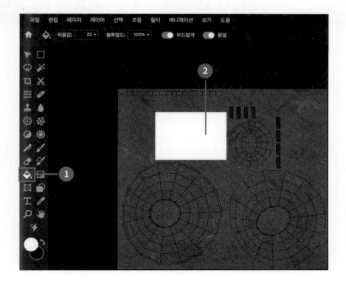

7) 다른 와이어 UV도 덮을 수 있도록 복사 붙여넣기 하여 이동한다. 복사를 원하는 레이어를 선택하고 Ctrl + D 한 후에 적당한 위치로 이동하고, 비례가 아닌 한쪽 방향으로 크기를 조절하고자 한다면 Shift + LMB Drag로 크기 조절하면 된다.

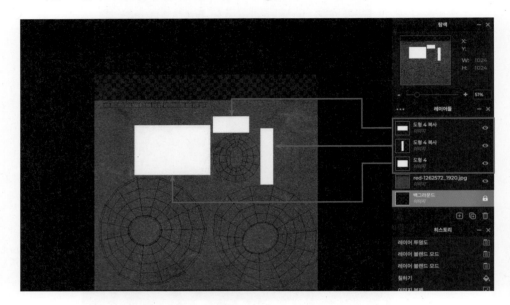

4-3 저장하기

1) File → 저장 → 다른 이름으로 저장 → 파일 이름 설정 → 저장하다로 저장한다. 이 파일은 원본 파일이고 향후 수정 가능하다.

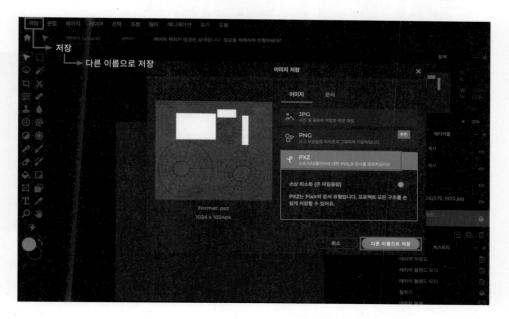

2) 유니티에 적용하기 위해서는 png 확장자로 저장해야 하고 Texture 크기도 512로 변경해야 한다. 현재는 1024px 사이즈로 세팅되어 있다. 우선 백그라운드의 자물쇠를 해제하고 숨기기 한다. 그러면 더 이상 UV 정보가 보이지 않을 것이다.

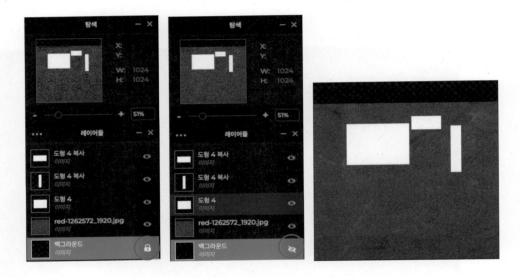

3) 페이지 → 페이지 사이즈 변경(스케일) → 512 → 적용하다로 페이지 사이즈를 512로 축소한다. **반드시 이 과정을 수행해야 거절 사유에 포함되지 않는다.**

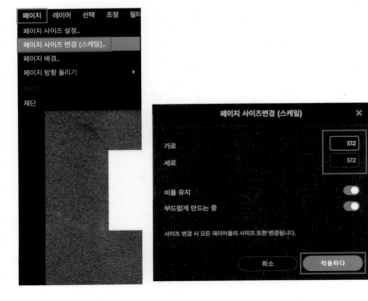

4) 다음은 마지막으로 파일 → 내보내기 → png로 내보내기 하면 Texture 작업은 마무리된 것이다. 설명의 편의를 위해서 파일 이름은 'JessieHat(1).png'로 할 것이다.

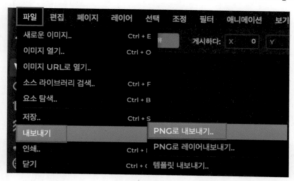

※ Texture Image는 한 3D Model에 다양하게 적용하여도 심사 승인을 받을 수 있으므로 다양한 이미지를 만들어 적용해 보자.

5. Headwear Converting

Import 및 사전 준비

1) 위에서 완성한 **JessieHat.fbx**와 **JessieHat(1).png** 파일을 Drag & Drop 해서 Contents 폴더 안에 넣는다.

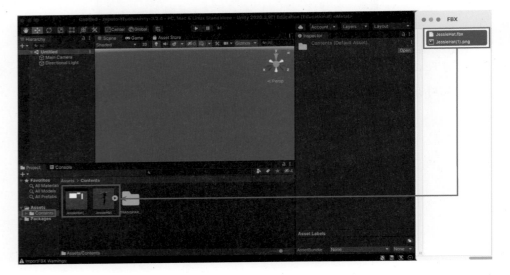

Material

1) 다음 Project 창에서 RMB → Crate → Material을 하여 새로운 마테리얼을 생성하고,

2) 이름을 'JessieHatMat' 로 정한다.

3) Inspector 창에서 Shader → ZEPETO → Standard를 하여 셰이더를 변경하고 Texture를 Albedo 슬롯에 Drag & Drop 한다.

4) ❶ 오브젝트를 선택하고 우측 Inspector에서 Material → JessieHat_shd 슬롯에 위에서 만든 ❷ JessieHatMat 마테리얼을 Drag & Drop 하고 ❸ Apply 한다.

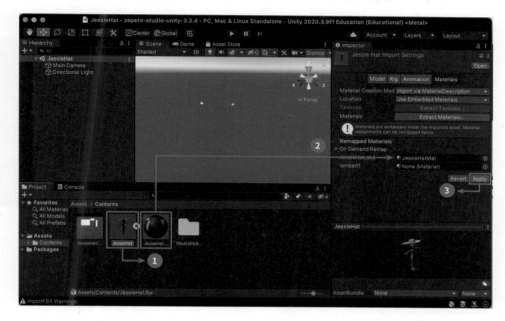

5) 그러면 우측 하단 창에 아래와 같은 이미지가 보일 것이다.

5-3 Prefabs

1) JessieHat 오브젝트를 RMB → Zepeto Studio → Convert to ZEPETO style로 변환한다.

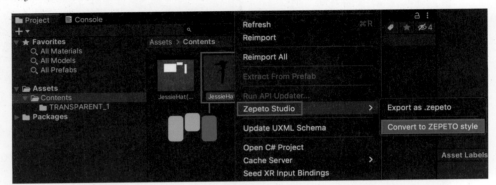

5-4 적용

1) ❶ Playground를 더블클릭하여 Scene을 활성화시키고 ❷ LOADER를 클릭하면 우측 Inspector 창 Makeup 아래로 해당 아이템을 체크할 수 있도록 나열되어 있다.

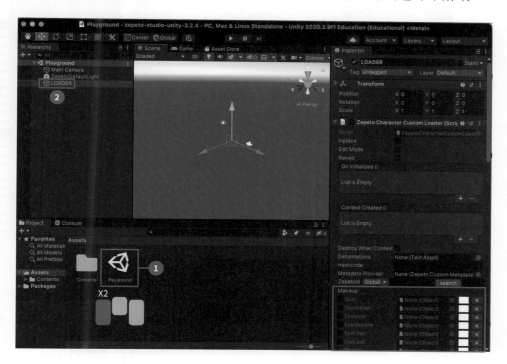

2) 여기서 Accessory Headwaer를 체크하고 슬롯에 Zepeto Style 파일을 Drag & Drop 한다.

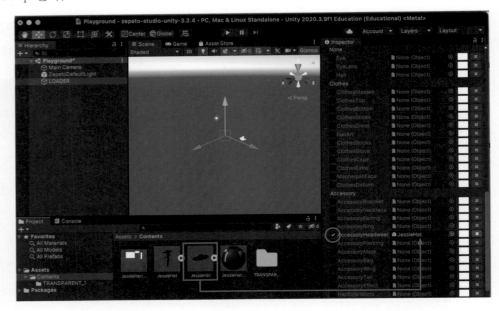

3) 상단 중앙의 Play를 클릭했을 때 아래와 같이 보이면 정상적으로 진행한 것이다.

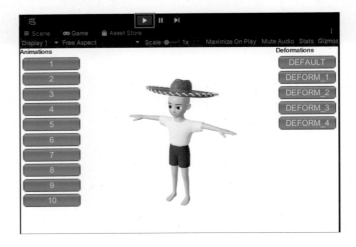

5-5 변환

1) 이제 제페토 스튜디오에 업로드할 수 있도록 .zepeto 확장자로 변환해 보자.

Zepeto Style 파일 → RMB → Zepeto Studio → Export as .zepeto를 선택하고 Save 하면 완료된 것이다.

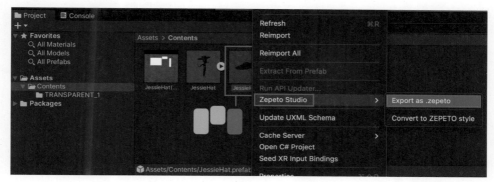

2) 제페토 스튜디오에 업로드하기 위한 저장된 위치는 JessieHat.zepeto 파일 → RMB → Reveal in Finder(맥 컴퓨터인 경우) 하면 쉽게 찾을 수 있다.

[참고: 일반 컴퓨터인 경우는 JessieHat.zepeto 파일 → RMB → Show in Explorer 하여 찾을 수 있다.]

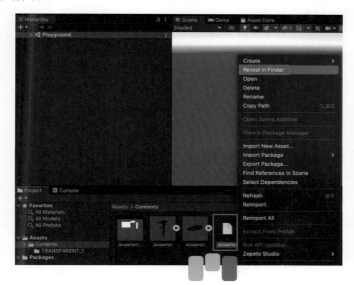

6. 심사 제출

1) 제페토 스튜디오에 접근한 후 '만들기' 한다.

2) 아이템을 클릭한다. 관계없는 팝업은 닫아도 무방하다.

3) '3D 파일로 아이템 만들기'를 선택한다.

4) 헤드웨어를 선택한다.

5) 유니티에서 최종 완성한 .zepeto 확장자 파일을 Drag & Drop 한다.

(파일 경로: zepeto-studio-unity-3.2.4 → Assets → Contents에서 .zepeto 파일을 찾으면 된다.)

6) 아래와 같이 이름, 카테고리, 태그, 가격 등 상세 정보를 입력하고 '심사 제출'한다.

　[주의: 심사 제출 전 3D 파일에 문제가 없는지 반드시 휴대전화에서 미리보기 해 보기 바란다. 확인 방법은 휴대전화에서 미리보기 → 휴대전화 제페토 앱의 알림에서 확인이 가능하다.]

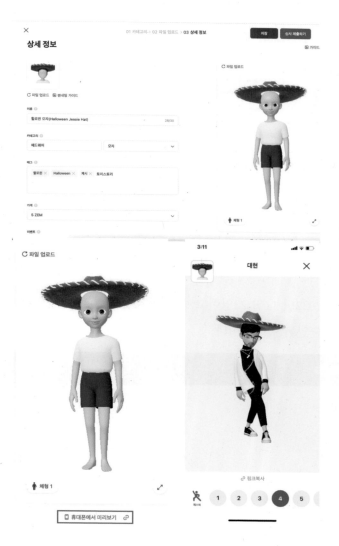

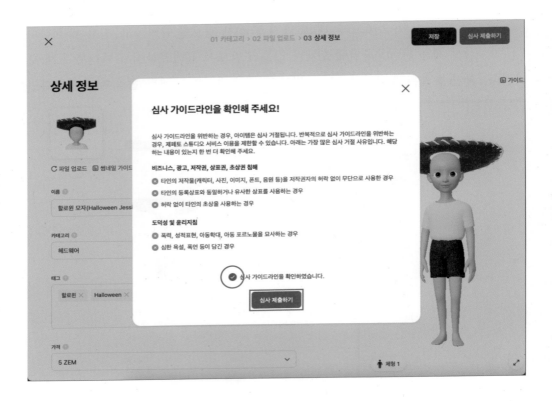

7) 업로드 일은 2022년 11월 22일이고 승인 완료일은 2022년 11월 24일이다. 아래는 승인 요청 2일 후에 승인된 이미지이다.

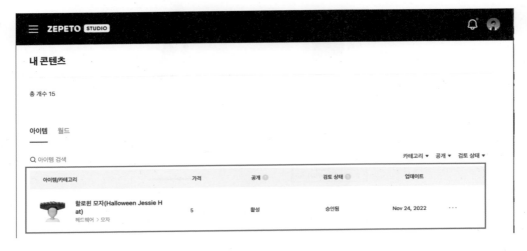

8) 아래는 5일 후 판매가 시작되는 그래프이다. 디자인에 따라 다소 차이가 있을 수 있다.

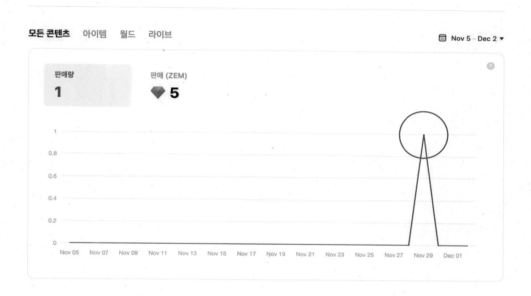

PART IV

상의(TOP) 만들기

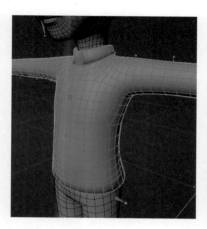 

모델링 전 준비 항목

'TOP_mask.fbx(Base Mesh)', 'creatorBaseSet_zepeto.fbx', 'TOP_BTM_guide.fbx'.
위 TOP_mask.fbx 파일을 광문각 홈페이지(http://www.kwangmoonkag.co.kr/)
자료실에서 다운로드할 수 있습니다.

1. TOP Modeling

1-1 기초 모델링

1) File → Import → FBX(.fbx)로 책과 함께 제공된 **TOP_mask.fbx(Base Mesh)**, 제페토 스튜디오에서 다운로드한 **creator BaseSet_zepeto.fbx, TOP_BTM_guide.fbx**를 불러오기 한다. TOP_mask.fbx를 사용하여 상의 모델링을 진행할 것이다. Ⓐ TOP_guide_dummy는 Outliner에서 숨기기 한다.

2) Object Mode → Outliner → ① mask2를 선택 → ② Modifier Properties → ③
Add Modifier → Solidify 하여 두께를 생성한다.

아래와 같이 두께가 생성되고 Offset을 -1.000에서 1.000으로 변경하면 바깥 부분으로 두께가 생성된다. [참고: offset은 선택한 edge 기준으로 위나 아래 혹은 안이나 바깥으로 두께를 생성한다.] 두께도 Thickness 값을 조절하여 변경할 수 있는데, 여기서는 0.55m 로 변경한다. 두꺼운 의상인지 얇은 의상인지에 따라 자유롭게 변경하되 제페토 아바타인 경우 현실 세계보다 조금 더 옷을 두껍게 표현하는 것이 좋다.

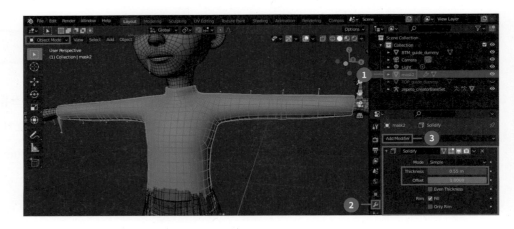

3) 다음은 칼라(Collar)를 표현하기 위해 ❷ Object Mode에서 Convert To Mesh 한
다. 그러면 ❸ 우측 Modifier Properties의 정보들이 깨끗하게 사라지게 된다.

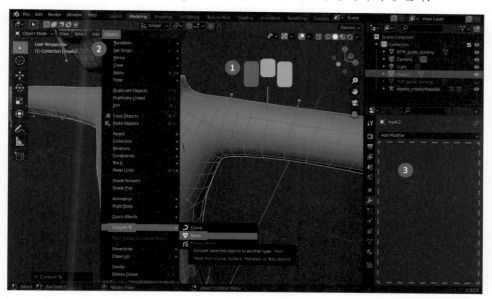

4) ❶ (Viewport Overlay → Wireframe 상태에서) ❷ Edit Mode → ❸ Face에서 칼
라(Collar)가 될 Face를 Shift + LMB ❹ 다중 선택 후, Mesh → Extrude → Extrude Faces
Along Normals 한다.

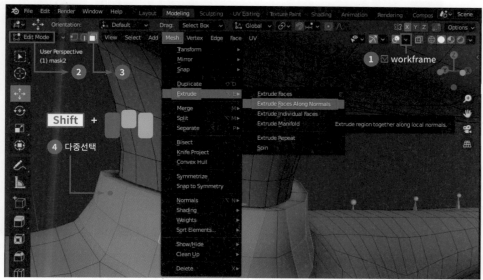

5) 마우스를 움직여 보면서 상단 Shrink/Fatten 치수가 0 이상이 되도록 한다. 두께를 표현하는 치수이며 조작이 잘 안 되더라도 걱정하지 말고 자유롭게 치수를 조절한 후 LMB 한다. **그러면 아래 우측의 이미지처럼 보일 것인데, 여기서도 Offset으로 돌출 높이를 0.4로 설정하면 된다.**

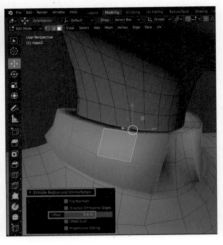

6) Outliner에서 BTM_guide_dummy, Camera, Light, TOP_guide_dummy를 "X"하여 삭제하고, zepeto_creatorBaseSet, mask 레이어는 숨기기 한다.

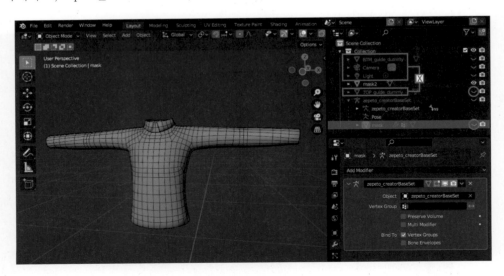

7) ① Front View(Alt+MMB Drag) → Edit Mode → Face를 지우기 위해서 아래와 같이 반쪽을 선택하면 앞면만 선택되고, 뒷면은 선택되지 않는다.

뒷면까지 모두 선택하기 위해서는 ② X-Ray를 설정한 후 아래와 같이 상의 절반을 선택하면 된다.

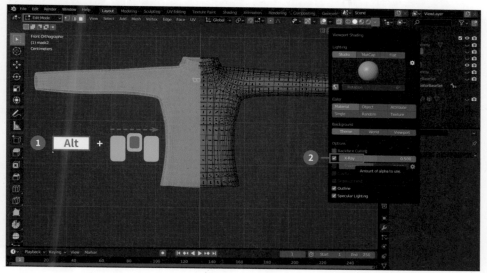

8) 아래 이미지와 같이 절반을 선택 → 'X' → Face 하여 삭제한다. Toggle X-Ray 설정 없이 선택하면 뒷면은 선택되지 않으니 꼭 Toggle X-Ray를 설정하자.

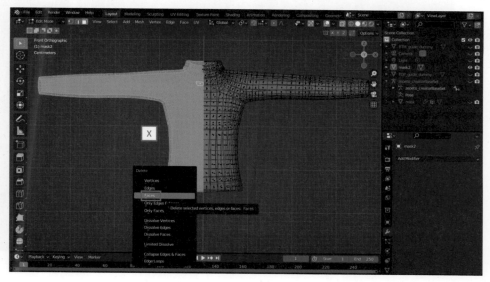

9) 아래 이미지처럼 남아 있으면 안 되므로 꼼꼼하게 보고 지우도록 하자.

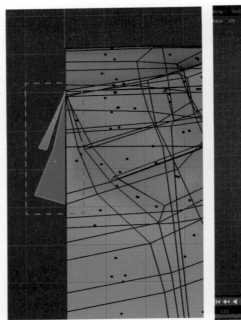 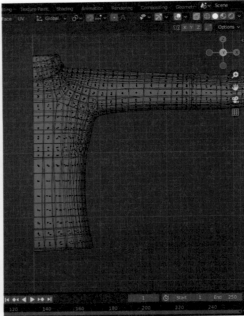

10) X Ray 해제한다.

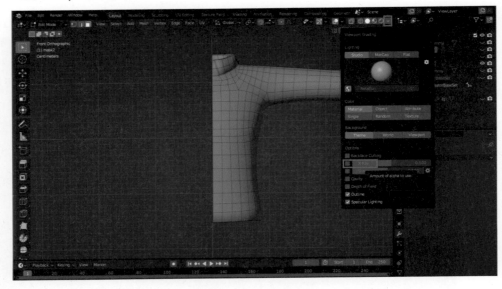

11) Object Mode에서 ❶ 상의 오브젝트를 선택하고 ❷ Add Modifier → Mirror 한다.

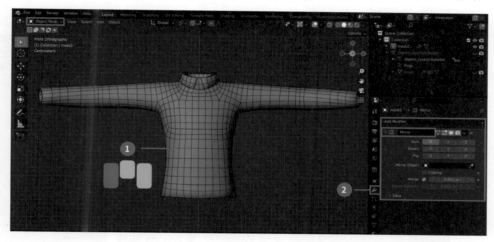

12) ❶ Edit Mode → Select Face 하고 ❷ 소매 끝을 돌아가면서 loop(Alt + LMB)를 선택한다.

13) Mesh → Extrude → ❸ Extrude Faces Along Normals을 선택하여 명령을 실행한다. 마우스를 움직여 본다.

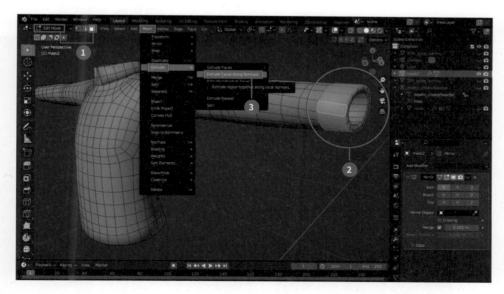

14) Offset 값을 0.3으로 한다. 아래와 같이 두께가 생길 것이다. Ⓐ 반대쪽에도 대칭 복사되는 것을 볼 수 있다.

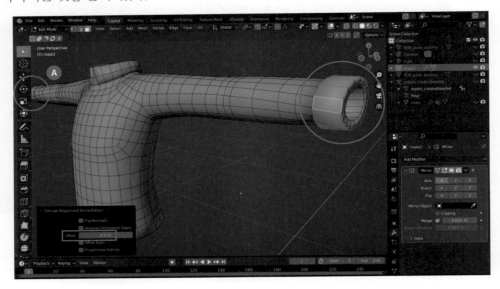

15) 이번에는 안쪽 부분을 삭제할 것이다. Alt + LMB 하여 아래와 같이 Ring 선택 → "X"하여 삭제한다.

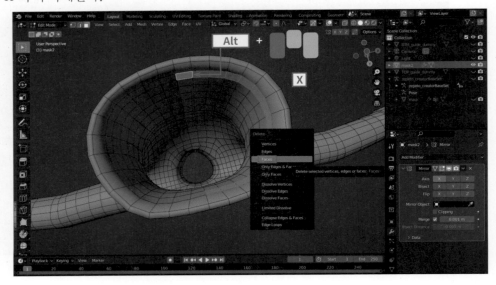

16) 같은 방법으로 목 안쪽 부분도 Ring 선택 후 삭제한다.

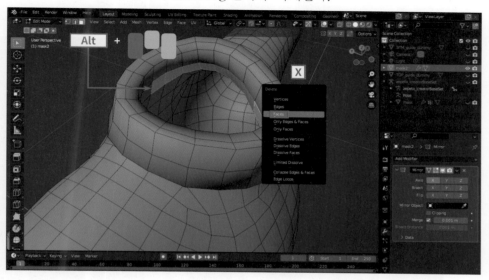

17) 소매 안쪽 부분도 같은 방법으로 loop 선택 후 삭제한다.

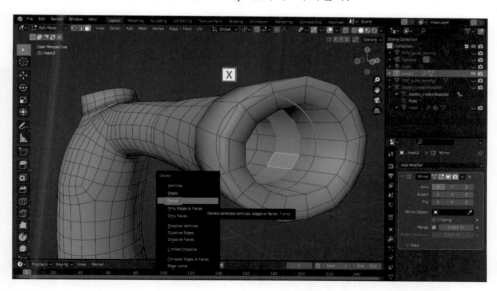

18) 마우스를 선택하고자 하는 부분에 올려놓고 "L" 키를 누르면 Surface 모두가 선택
된다.

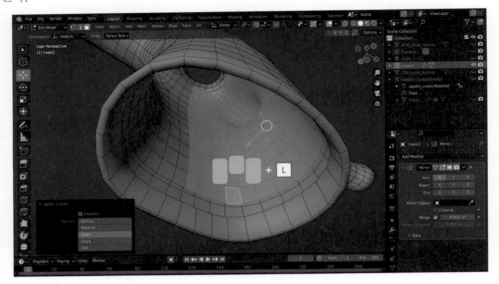

19) "X" 키를 이용하여 선택한 부분을 삭제한다. 이제 안쪽 부분 Mesh가 모두 삭제되
었다.

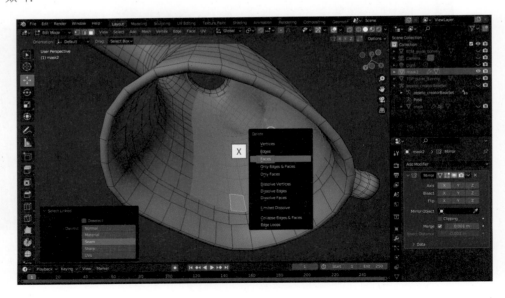

1-2 　Mesh Organize

1)이번에는 Vertex 한 개만 이동해도 주변이 가중치가 적용돼서 움직이는 명령을 간단하게 진행할 것이다. [참고: Ⅴ영역의 JessieBTM "아이템이 피부를 파고드는 문제 해결" 부분에서 세부적으로 다룰 것이다.] Outliner(화면 우측 상단에 있다.)에서 mask 레이어를 잠시 숨김 해제한다. 이는 캐릭터를 보이게 함으로써 상의의 볼륨 조절에 대한 기준으로 삼기 위해서이다.

❶ Proportional Editing을 선택한다. ❷ 이동 명령 후 볼륨을 생성할 부분의 Vertex를 선택하고 원하는 방향의 Gizmo를 LMB + Drag 하면서

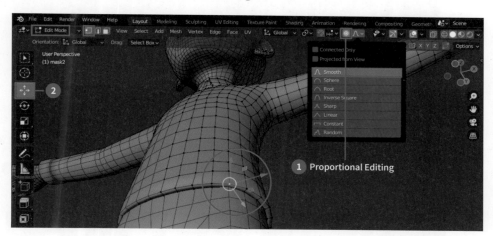

2) 마우스 휠을 굴리면 브러시 크기를 조절할 수 있으며, 조절되는 A 사이즈는 좌측 상단 Proportional Size에서도 확인이 가능하다. [참고: 브러시 크기가 너무 크면 화면에 보이지 않을 수 있다.]

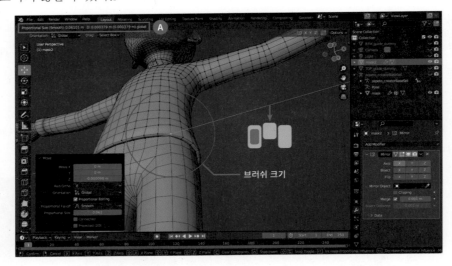

브러쉬 크기

3) 1 Orientation: Normal → 볼륨 작업을 하다 보면 아래와 같이 중앙 부분에 A 틈이 생기는 것을 볼 수 있다. 이를 방지하기 위해 2 Clipping을 체크하고 3 볼륨 작업을 하도록 한다.

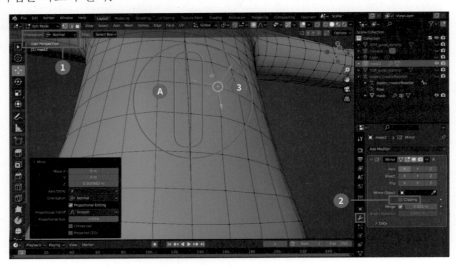

[참고만 하자] Sculpting → Slide Relax 명령으로 브러시를 사용하듯이 메시를 부드럽게 정리할 수 있다. 브러시의 크기(Radios)와 강도(Strength)를 조절하여 아래와 같이 진행해 보자. (Tip: 강도는 최대한 낮은 치수로 설정하여 작업하는 것이 좋고, Slide Relax 작업이 잘되지 않으면 필수는 아니므로 넘어가도 된다.)

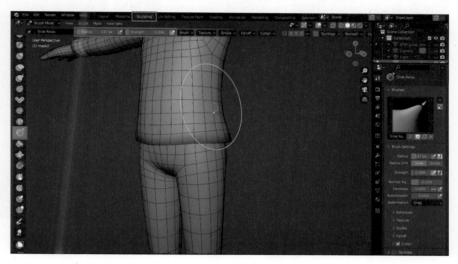

4) 아래와 같이 상의 아랫부분이 몸통에서 조금 간격을 두도록 작업하고 Modeling Mode 돌아온다.

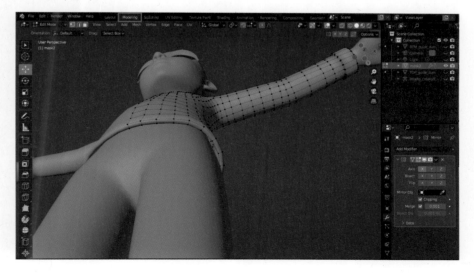

5) ① Edge → Move → Edge를 loop 선택한 후, 위로 조금만 위로 이동한다. (칼라 부분의 볼륨을 줄 것이다.)

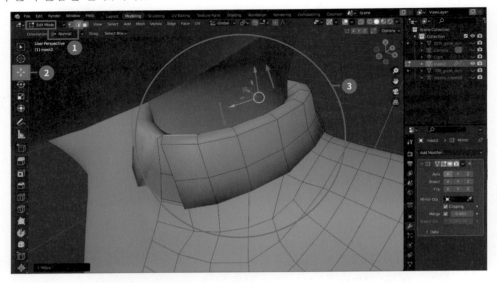

6) 손목 부분도 칼라와 같은 방법으로 Edge를 loop 선택한 후, 바깥으로(Gizmo Z) 조금만 이동한다.

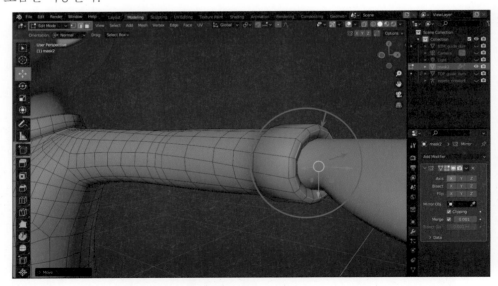

7) Object Mode로 돌아와 보자. 칼라 중앙 부분이 각이 져서 어색하게 보일 것이다. 다음에 부드럽게 보이게 Vertex를 조절할 것이다. 만약 아래와 다르게 Wireframe이 보이면 Viewport Overlay → Ⓐ Wirtframe을 체크 해제하면 아래와 같이 보일 것이다.

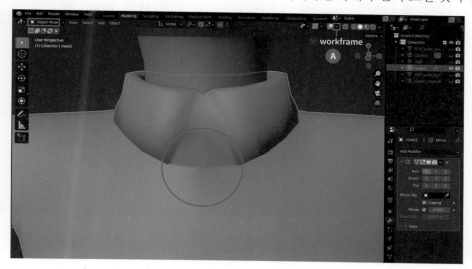

8) ❶ Edit Mode → ❷ Move 이동하고자 하는 ❸ Vertex를 선택 → "G" 키 × 2 → ❹ Gizmo Y로 이동하면 Edge Sliding이 되어 형태가 변하지 않고 Edge를 따라 Vertex가 이동하게 된다. Vertex 하나씩 진행해 보자.

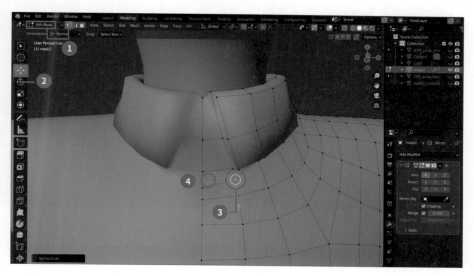

9) 이제 Object Mode에서 확인해 보자. 훨씬 부드러워졌다.

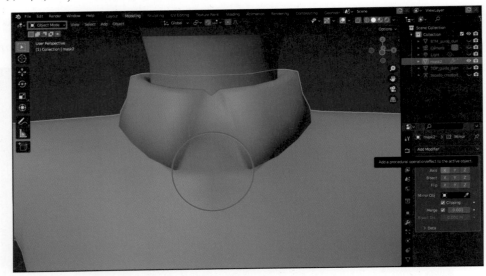

10) 데이터 크기를 확인하기 위해 Overlays → Viewport Overlays → Statistics를 하고 좌측 Triangles를 확인한다. 현재는 캐릭터가 같이 포함된 용량이므로 5,000Tris를 초과한다.

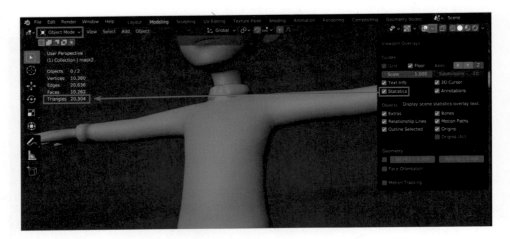

11) 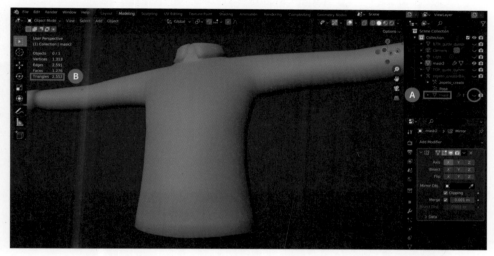 Ⓐ Outliner에서 mask 레이어를 다시 숨김 한다. 6,000Tris가 한계임을 감안하면 Ⓑ 2,552 Tris이면 매우 양호한 크기이다. 이어서 전면에 단추 모델링을 진행할 것이다. 일단 File → Save as → 저장해 두자.

[주의: 6,000Tris를 넘으면 거절 사유가 되므로 주의하자.]

1-3 단추 만들기

1) ❶ File → New → General 하여 새로운 환경을 열고 큐브는 "X"로 삭제한다.

Object Mode → ❷ Add → Mesh → Torus를 하여 튜브 모양의 오브젝트를 생성하고 ❸ Add Torus 설정값과 같이 설정한다. 설정하면서 어떤 부분이 변형되는지 육안으로 확인해 보자.

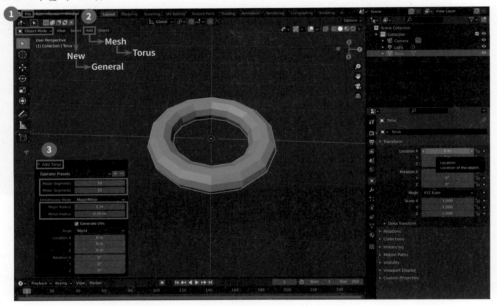

2) ① Add → Mesh → UV Sphere를 선택하여 구를 생성하고, 하단 ② Add UV Sphere에서 Segments 값과 Rings 값을 조절한다.

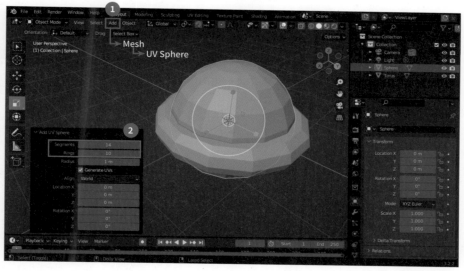

3) ① Scale → Gizmo Z → LMB Drag로 아래로 내리면서 아래의 모양처럼 볼륨을 조절한다. 또한, Resize 창 하단에 z 값을 수정하여 볼륨을 조절할 수 있다.

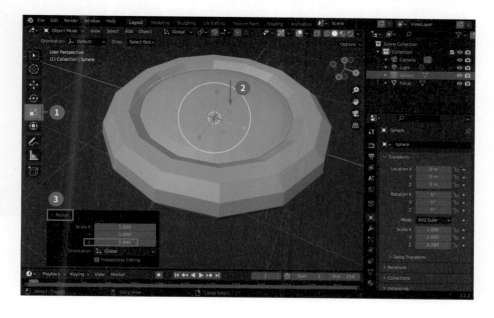

4) 이번에는 단추 뒷면의 Face들을 삭제할 것이다. Edit Mode → Face → 아래 이미지와 같이 Ring 선택 → "X" 하여 선택한 Face들을 삭제한다.

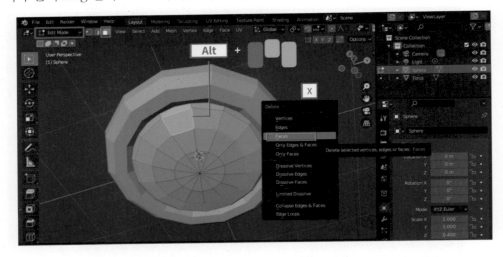

5) 아래 이미지와 같이 삭제를 원하는 Face 위에 마우스를 올려놓고 "L" 하여 부분적으로 선택한 후, "X" 하여 삭제한다.

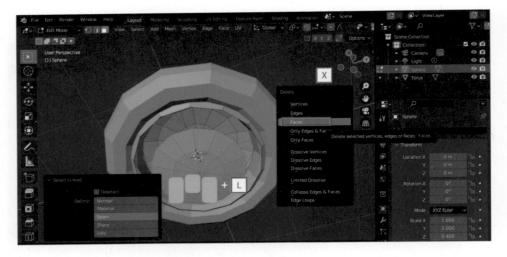

6) Object Mode에서 튜브(Torus)를 선택한 후, 다시 Edit Mode로 돌아와서 아래 이미지와 같이 뒷면 안 보이는 Face를 Ring 선택(Alt + LMB)하여 "X" 키로 삭제한다.

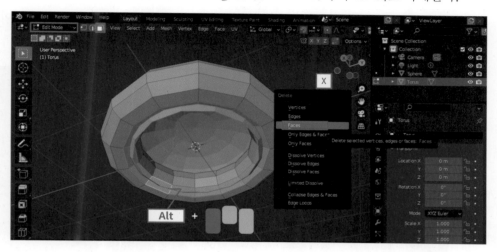

7) 추가로 아래 이미지와 같이 튜브의 Face를 Ring(Alt + LMB) 선택하여 삭제한다. 삭제 시 고려해야 하는 점은 옷에 가려서 안 보이는 부분 위주로 삭제하는 것이다. 안 보이는 부분까지 Mesh를 만들어서 데이터를 소비할 필요가 없기 때문이다. Ring 선택하여 삭제하면 되고, 연속적으로 Ring 선택을 하고자 할 때는 Shift + Alt + LMB 하면 된다.

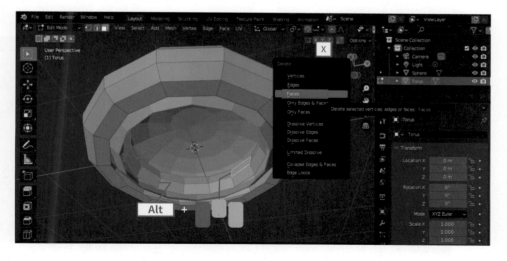

8) Object Mode에서 구(Sphere)를 선택한 후, 다시 Edit Mode로 돌아와서 아래와 같이 Ring 선택하여 추가적으로 삭제한다. 삭제 시 고려해야 하는 점은 옷에 가려서 안 보이는 부분 위주로 삭제하는 것이다. 안 보이는 부분까지 Mesh를 만들어서 데이터를 소비할 필요가 없기 때문이다.

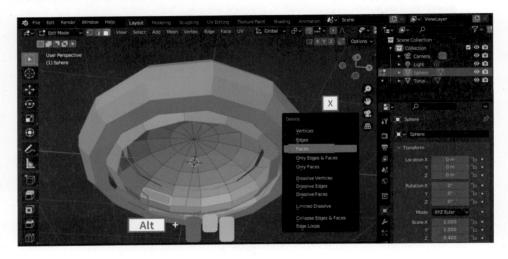

9) Object Mode에서 튜브 오브젝트와 구 오브젝트를 선택 → RMB → Shade Smooth 하여 면을 부드럽게 보이게 한다.

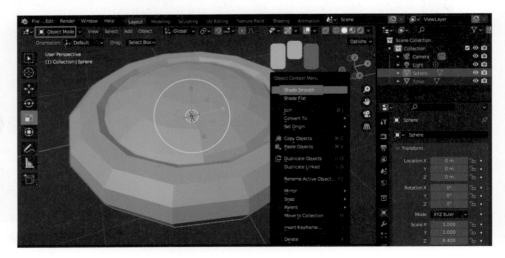

10) Object Mode에서 두 오브젝트를 모두 선택한 후, RMB → Join 하여 하나의 오브
젝트가 되도록 한다. Join을 해야 내보내기와 불러오기가 수월해진다.

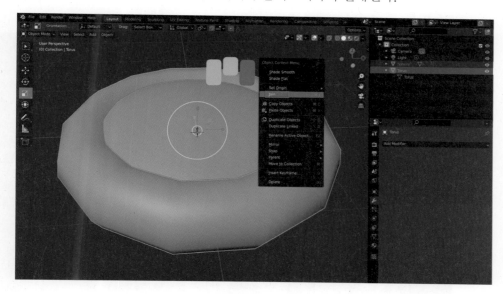

[참고: Join 하는 방법을 알았으면 해제하는 방법도 참고로 알아두도록 하자. 우선
Object Mode에서 Join 한 오브젝트를 선택하고 Edit Mode → ① Face 모드에서 "L" 키
로 아래와 같이 선택한 후, ② "P" 키 → Separate → Selection 한다.

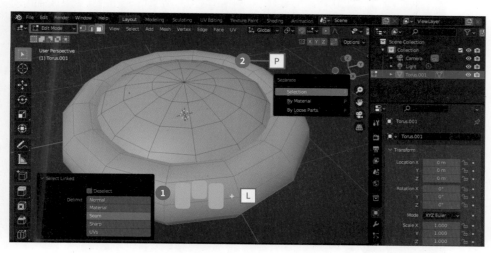

11) Object Mode로 돌아와 원하는 오브젝트를 선택하면 분리된 것이 확인될 것이다. 만약 Separate 작업을 수행하였다면 두 오브젝트를 모두 선택하여 RMB → Join 후 다시 하나의 오브젝트가 되도록 한다.

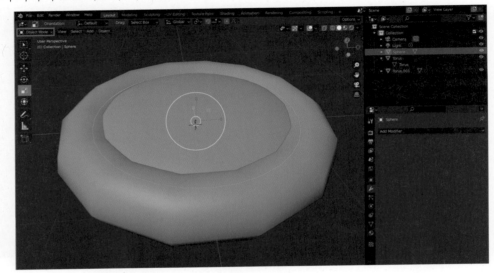

12) Join한 단추 오브젝트를 선택하고 나서 File → Export → FBX(.fbx) 하여 TopButton 이름으로 적당한 장소에 저장한다.

1-4 불러오기

1) 위에서 저장한 상의 블렌더 파일을 열고 File → Import → FBX(.fbx) 하여 위에서 저장했던 TopButton.fbx 파일을 불러오기 한다. 불러오기 하면 큰 형태로 불러오기가 될 것이다.

2) ① 우측 Object Properties에서 Location, Rotate, Scale 값을 아래와 같이 세팅하고 ② 이동 → ③ Gizmo Y로 명치 부분까지 이동한다.

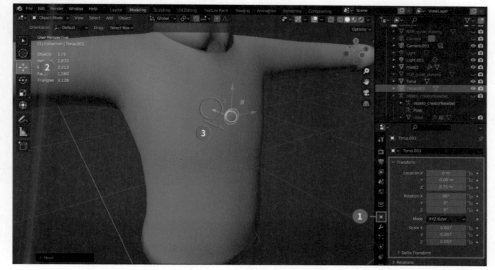

3) 단추가 하나 더 필요하다. 아웃라이너에서 Ctrl + C, Ctrl + V 하여 복사 붙여넣기 한 후, 아래와 같이 이동한다.

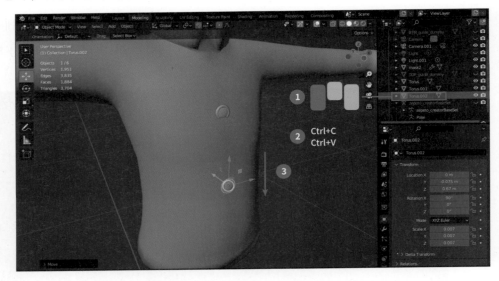

4) 위에 있는 단추는 아래와 같이 회전한다. 옷에 잘 안착되어 보이는 것이 중요하다.

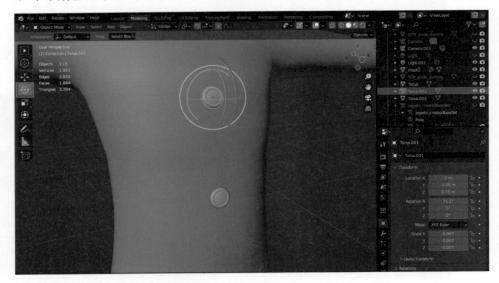

5) 아래 단추도 위의 단추와 같은 방식으로 회전한다. 옷에 잘 안착되어 보이는 것이
중요하다.

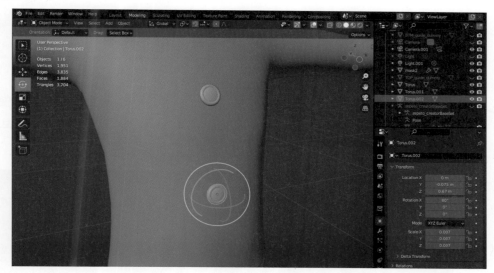

6) Object Mode에서 상의를 선택한 후 RMB → Convert to Mesh 하여 Mesh로 전환한
다. Ⓐ 우측 Add Modifier의 Mirror 정보가 삭제될 것이다. 그러면 성공적으로 Mesh로
전환된 것이다.

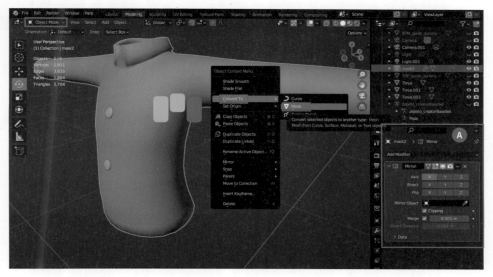

2. TOP UV Mapping

1-1 Mark Seam을 이용한 오브젝트 분리

1) ① UV Editing Work Space로 전환한 후, 와이어프레임 상태로 전환하여 Seam의 분리가 원활하도록 할 것이다. ② Overlays → Wireframe 하여 와이어프레임을 보이게 한다.

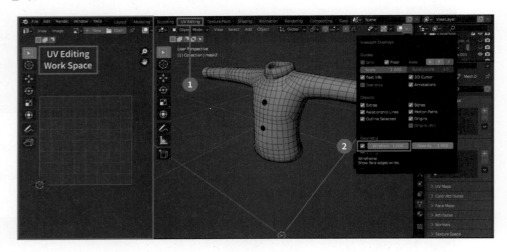

2) Edit Mode에서 Alt + LMB을 통해 Loop 선택한다. 추가적으로 다중 선택할 때는 Shift + LMB 한다. 의상의 제봉선 역할을 할 것이다.

(주의: 선택 시 Loop 연결이 끊어진 부분이 없도록 꼼꼼하게 선택해서 하도록 하자.)

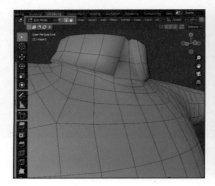
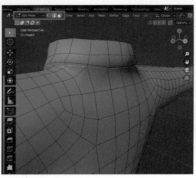

3) RMB → Make Seam 하여 재단한다.

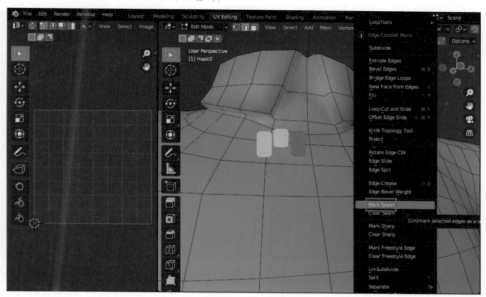

4) 어깨 부분도 Alt + LMB을 통해 Loop 선택한 후, RMB → Make Seam 하여 재단을 한다. 한쪽만 Mark Seam을 적용한다. 뒤에서 Mirror 기능을 통해 반대편도 Mark Seam 을 적용할 것이다.

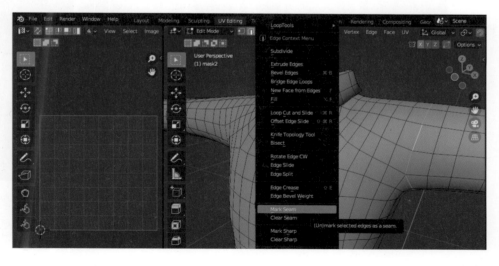

5) 손목 부분도 Alt + LMB을 통해 Loop 선택한 후, RMB → Make Seam 하여 재단을 한다.

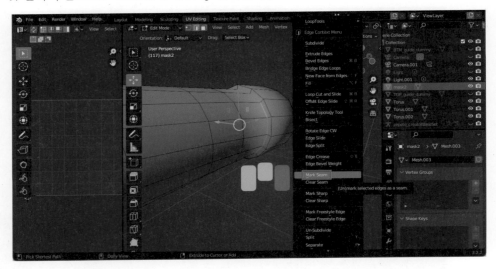

6) 겨드랑이 부분도 Alt + LMB을 통해 Loop 선택한 후, RMB → Make Seam 하여 재단한다.

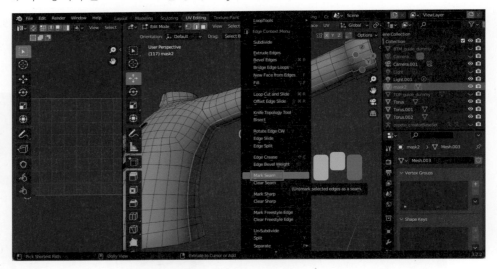

7) 상단 어깨 부분도 Alt + LMB을 통해 Loop 선택한 후, RMB → Make Seam 하여 재
단한다.

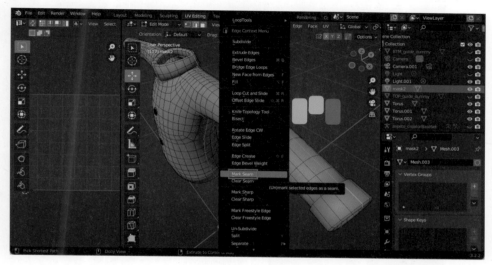

8) 이번에는 부분적으로 Edge를 loop 선택하는 방법이다. 시작이 되는 Edge를 LMB
하고 마지막 Edge를 Ctrl + LMB 하면 loop 선택이 된다. 다음 RMB → Clear Seam 하여
재단을 해제한다.

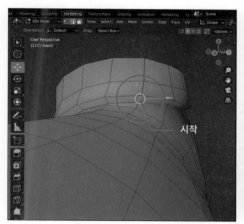

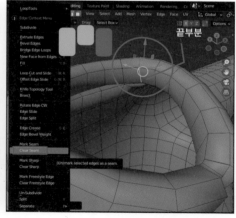

9) 전면 부분도 Alt + LMB을 통해 Loop 선택한 후, RMB → Make Seam 하여 재단한다.

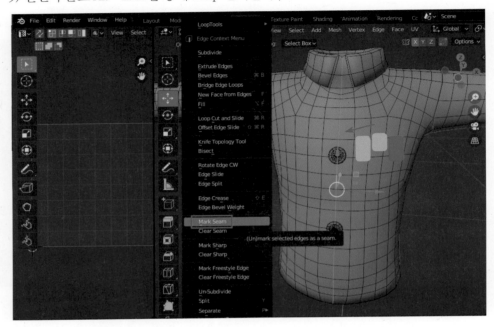

[참고: 단추도 원래 재단을 해야 하지만 Add로 추가된 기본적 형태의 오브젝트들은 블렌더에서 UV 작업이 되어 있기 때문에 여기서는 따로 단추에 대한 UV 작업은 하지 않기로 한다.]

10) 이번에는 반대 부분도 **대칭 재단**을 할 것이다. 우선 어깨, 손목, 겨드랑이, 상단 어깨 부분의 Edge들 중 하나의 Seam만 LMB 한다.

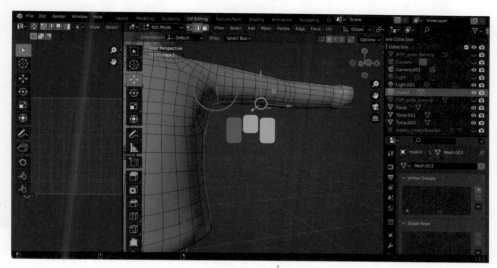

11) Select → Select Similar → Seam 하여 각 Seam들을 선택하면 Seam 재단된 모든 Edge들이 선택되게 된다.

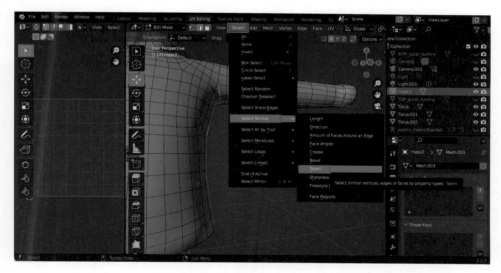

12) Select → Select Mirror 한다. 그럼 반대쪽에도 Edge가 선택이 될 것이다.

13) RMB → Mark Seam 하여 재단하면 좌우가 대칭이 되는 Seam이 생성되게 된다. 캐릭터 등 좌우가 대칭인 모델에 사용하면 유용하고 한쪽 Seam이 완료되고 난 후 Mirror 하기를 추천한다.

만약 Mirror가 적용되지 않는다면 미세하게 좌우 대칭이 아닐 수 있다. 걱정하지 말고 시간이 소요되더라도 반대쪽도 같은 방식으로 하나하나 Edge를 선택해서 진행해 보자.

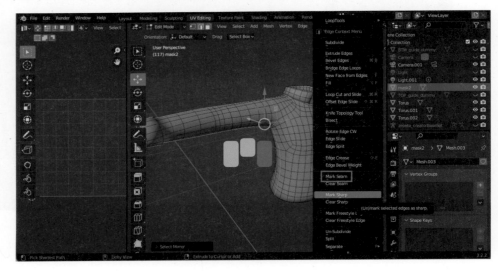

1-2 Un Wrap

1) 우선 Object Mode에서 상의와 단추 2개를 Shift + LMB 하여 선택한 후 RMB →
Join 하여 하나로 합친다. 이렇게 하면 UV가 누락되지 않아 사용하기 용이하다.

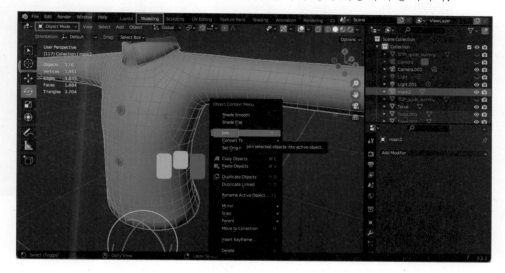

2) 다시 UV Editing Mode로 돌아와서 "A"하여 모두 선택한다. 그러면 좌측에 펼쳐지
지 않은 UV Texture 정보가 보일 것이다. Edit Mode → Face 상태를 확인한다.

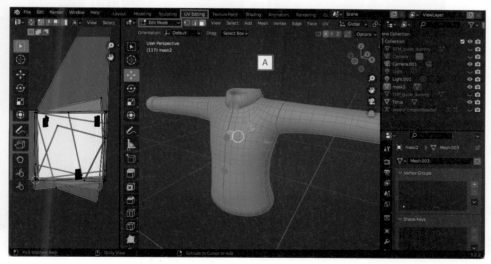

3) 아래 이미지와 같이 RMB → UV Unwrap Faces → Unwrap 하거나 단축키 "U" → Unwrap 해도 된다.

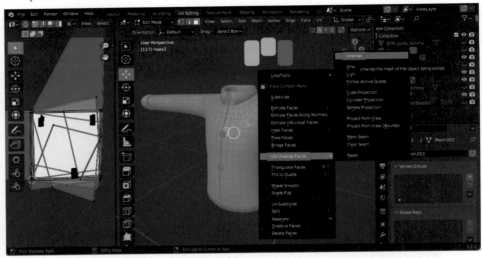

4) 아래 **A**와 같이 Unwrap 된 UV Texture가 보일 것이다.

만약 좌측 UV Mesh가 서로 겹쳐 있는 부분이 있으면 우측에서 Mark Seam이 끝까지 연결이 안 된 부분이 원인일 것이다. 그 부분을 찾아 Mark Seam 하여야 한다.

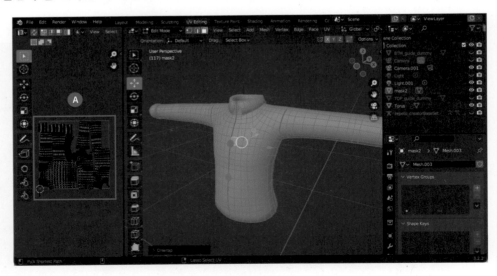

5) 지금까지 훌륭하게 진행이 되었다. 다음은 Checker Material을 적용해 Texture가 적용됐을 때 최대한 왜곡을 피하도록 할 것이다. 우선 Shading Mode로 들어가서 상의를 Zoom In 한다.

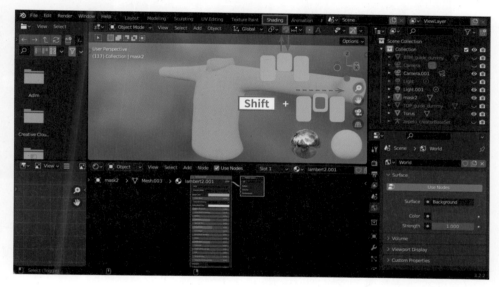

6) ① Add → Texture → Image Texture 하여 Image Texture 컴포넌트를 하나 추가하고 ② New → Checker → UV Grid → OK 하여 완성한다.

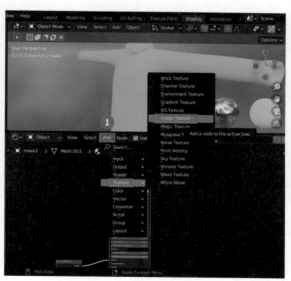

7) 아래 **A**와 같이 LMB + Drag로 노드를 연결하면 상의에 체커가 보이게 된다. 하지만 **B** 목 부분에 체커가 정상적으로 적용이 되지 않은 것처럼 보인다. (만약 체커가 목 부분에 고르게 적용이 되었으면 그냥 이 부분을 넘어가도 좋다.)

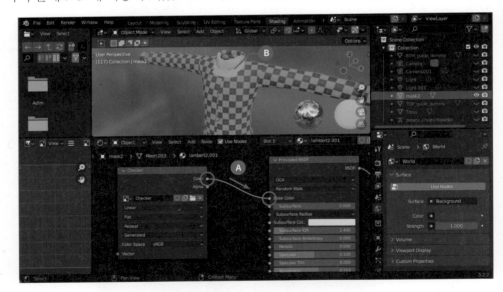

8) Ⓐ 우측 Material에서 비정상적인 Material을 선택하고 "-"로 삭제한다.

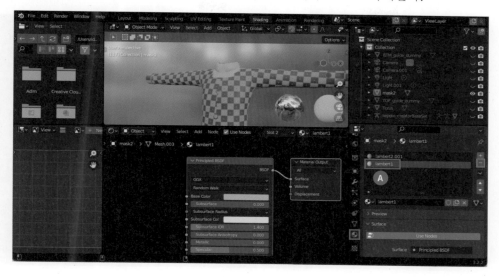

9) 그러면 아래와 같이 칼라 부분이 정상적으로 보일 것이다. Material이 두 개 있어서 위의 문제가 발생되었다.

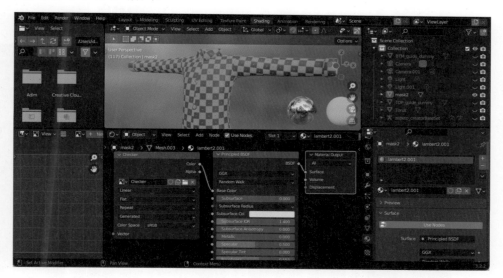

10) 그런 다음 Material 이름을 더블클릭하여 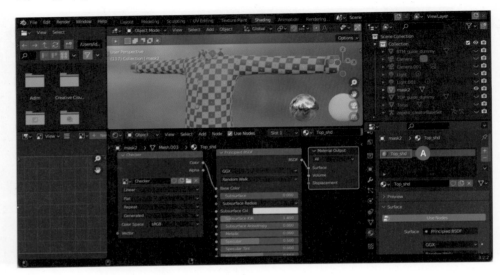 A Top_shd로 바꿔 준다. (_shd는 필수)

11) 다음 UV Editing Mode로 돌아오면 좌측 UV Editing Work Space에서 Checker가 나타날 것이다. 만약 체크무늬가 나타나지 않는다면 상단 Checker 선택하면 좌측 UV Editing Work Space에 체커가 보일 것이다.

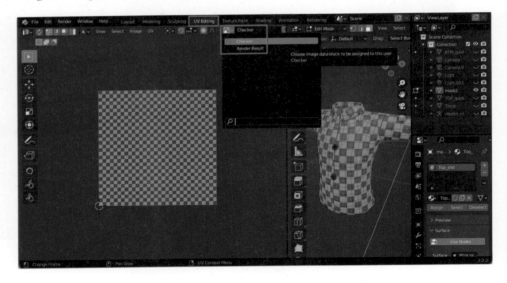

12) 우측 View Editor에서도 체커가 보일 수 있도록 Viewport Shading/Material Preview를 한다.

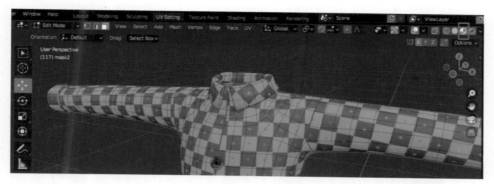

13) 최종적으로 아래의 이미지와 같이 양쪽 모두 체커가 보인다면 체커 마테리얼 표시는 성공한 것이다.

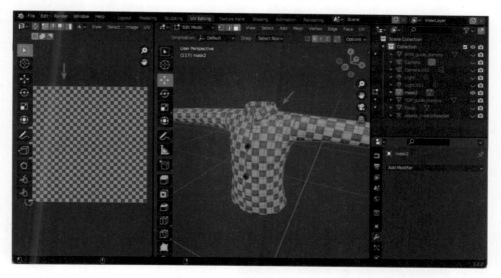

14) Texture 작업 시 채색을 용이하게 할 수 있도록 UV 이미지를 회전하고 이동할 것이다. ❶ 3D Viewport에서 "A"로 모두 선택하고 좌측 UV Editor에서 원하는 오브젝트 위에 ❷ 마우스를 놓고 "L" 키를 치면 그에 맞는 UV 정보가 보이게 된다. 우선 ❸ Rotate 명령을 실행해 보자. 회전하는 목적은 색상 Textare 작업 시 편하게 하기 위해서이다.

❹ 하얀 원을 드래그하여 회전하면서 Ctrl 키를 사용하면 Snap이 되면서 90도로 회전이 가능하다. **[주의: 선택하고 회전 시 다른 부분이 선택되지 않도록 주의한다.]**

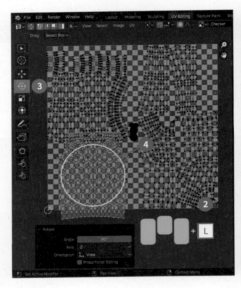
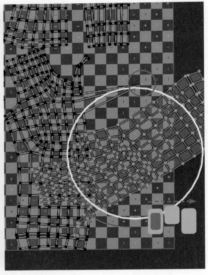

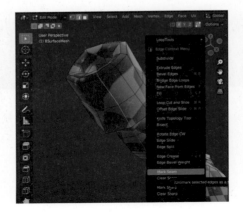

[참고: 만약 위와 다르게 평면 UV가 서로 엉켜 있는 경우 재봉선(Seam이 끊어져 있거나 연결이 제대로 이루어지지 않은 경우가 대부분이다. 따라서 연결되지 않은 부분을 찾아서 Edge를 선택하고 RMB → Mark Seam 하여 만들어 준다.]

15) 앞면도 같은 방법으로 오브젝트 위에 마우스를 놓고 "L" 키를 치면 좌측에 그에 맞는 UV 정보가 보이게 된다. 회전 명령도 실행해 보자.

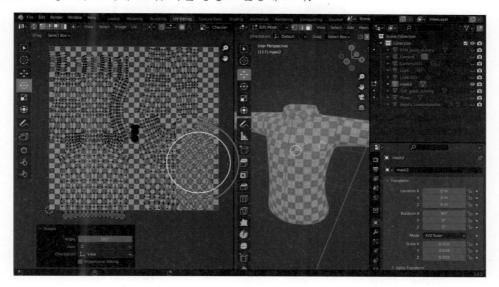

16) 다른 부분들도 위와 같은 방법으로 아래 이미지와 같이 회전한다.

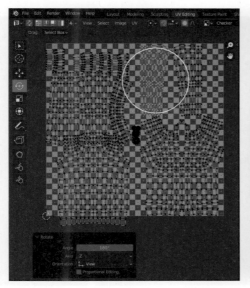 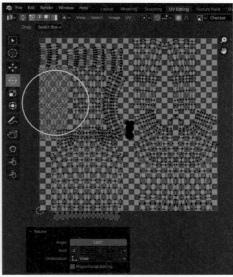

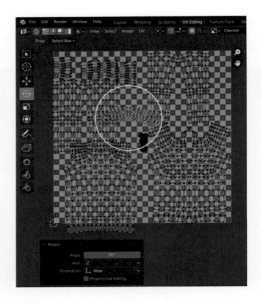

17) UV 파일을 이미지 파일로 저장하기 전에 각각의 Unwrap Data들의 간격을 일정하게 공간을 주어야 이미지 편집 툴에서 작업이 수월해진다. ① "A"로 모두 선택하고 ② UV → Pack Islands 하여 서로 간의 간격을 생성한다.

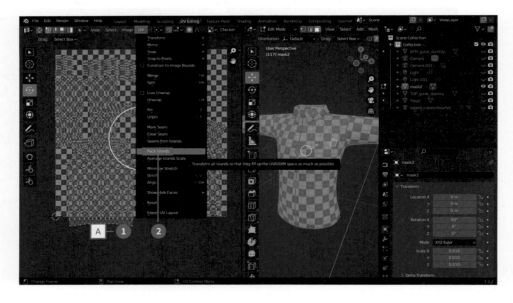

18) Pack Islands 창에서 Rotate를 해제하는 이유는 위에서 회전한 UV 정보가 다시 원상태로 회전되는 것을 막기 위해서이다. 그리고 Margin 값을 0.02로 설정하면 적절하게 UV 간격이 설정될 것이다. 간격이 너무 좁으면 이미지 Texture 작업 시 곤란해질 수 있다.

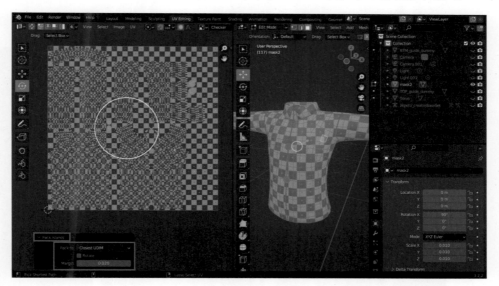

[참고: 여기의 내용은 참고만 하고 넘어가기로 한다. 3D의 UV 정보와 평면의 UV 정보가 서로 구분이 안 될 때 우측 원하는 오브젝트 위에 마우스를 놓고 "L" 키를 치면 좌측에 그에 맞는 UV 정보만 보이게 된다. 우선 회전 명령을 실행해 보자. 좀 더 직관적으로 이해할 수 있다.]

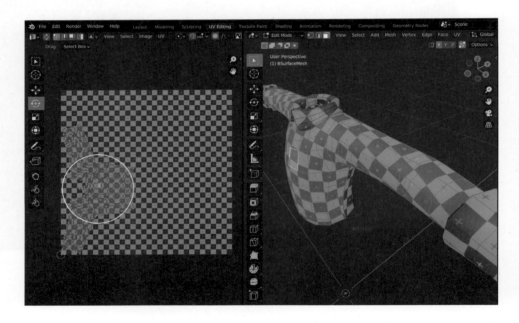

19) ① "A" 키로 모두 선택 → UV → ② Export UV Layout 하여 UV mapping 파일을 'JessieTop.png'로 저장한다.

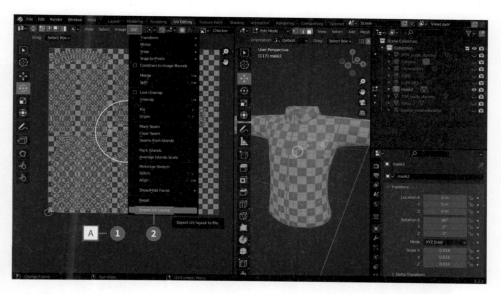

20) 다음 좌측은 블렌더에서 완료된 UV 정보이고, 우측은 Texture 작업에 필요한 .png 이미지이다.

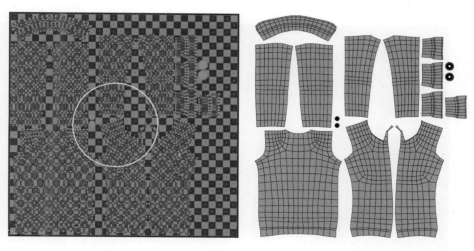

3. TOP Rigging & Skinning

1) 상의 오브젝트(여기서는 mask2)와 Zepeto_creatBaseSet 두 개만 놔두고 나머지는 'X' 키로 삭제한다. 모두 필요하지 않은 것들이다. 위 과정에서 이미 삭제하였다면 이 과정은 생략하자.

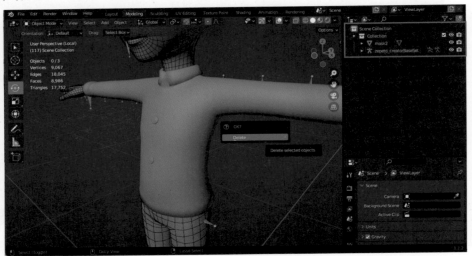

2) 더블클릭하여 레이어의 이름을 TOP_Jessie로 변환한다.

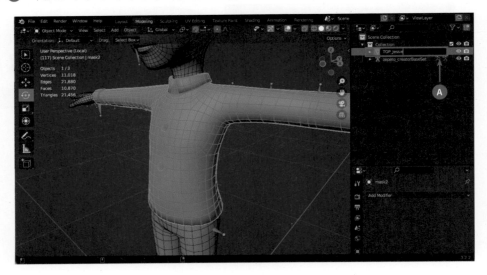

3) Object Mode에서 **1** Joint를 선택하고 **2** Object Data Properties → Viewport Display → In Front를 체크하면 Joint들이 오브젝트 위로 올라와서 작업이 용이해진다.

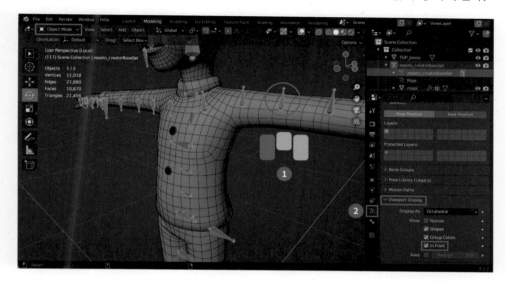

4) 이제 Joint에 상의 오브젝트를 Bidding(상의를 Joint에 할당) 할 것이다. 우선 **1** Object Mode → Outliner의 **2** 상의(TOP_Jessie)를 선택하고 **3** Ctrl + zepeto_creatorBaseset 레이어를 선택한다. 다음 마우스를 Viewport로 이동 후 **4** Ctrl + P → **5** With Automatic Weights 하면

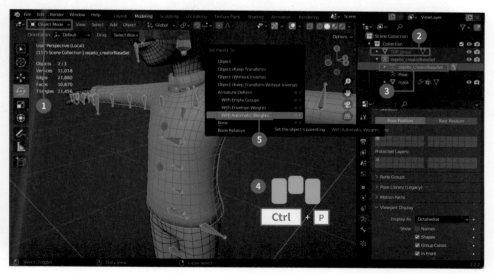

5) 아래 **A**와 같이 Oulliner에서 TOP_Jessie(상의) 객체가 zepeto_creatorBaseset 레이어의 자식 객체로 포함되게 된다.

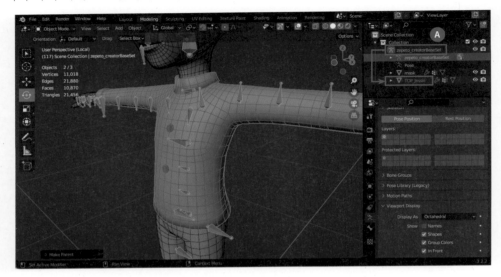

6) **1** Pose Mode → 아래 이미지와 같이 어깨 **2** Joint를 선택(LMB × 2) → **3** Rotate로 회전해 보면 옷이 Joint와 같이 회전하면 성공이다. 이제 Ctrl + Z로 원상 복귀 (T-Pose)한다.

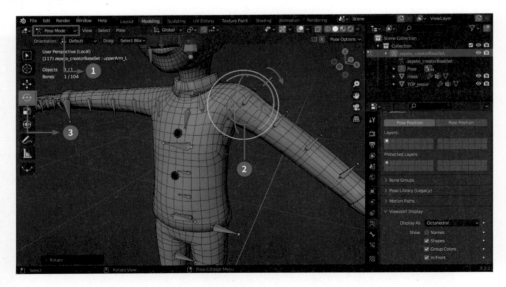

7) 만약 아래 왼쪽과 같이 된다면 Ctrl + Z로 돌아와서 Joint를 다시 한번 클릭해 보자. 점선/사선으로 연결되어 보이면 성공이다. 지금 회전하면 정상 작동할 것이다.

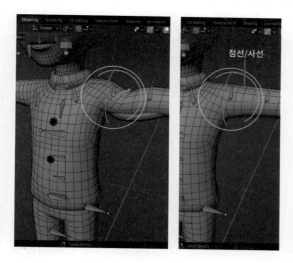

8) 위 과정까지가 Auto Skinning이 완료된 것이다. 하지만 Auto Skinning인 만큼 오류(옷이 살을 파고듬)도 포함하고 있다.

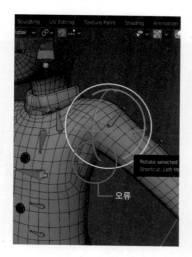

9) ① Object Mode에서 ② Joint(Zepeto_creatBaseSet) → ③ Skin(mask) → ④ 상의(TOP_Jessie) 순서대로 Shift + LMB 선택하고 ⑤ Weight Paint Mode를 선택한다. **(선택 순서 중요)**

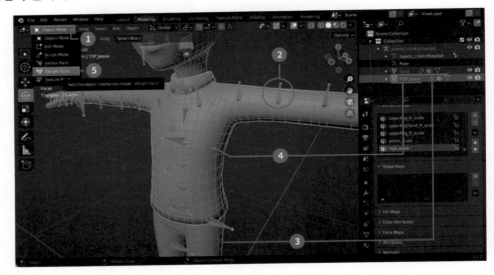

10) Weights → Transfer Weights 한 후, mask의 Weights 값을 상의(TOP_Jessie)에 복사 붙여넣기 하는 것이다.

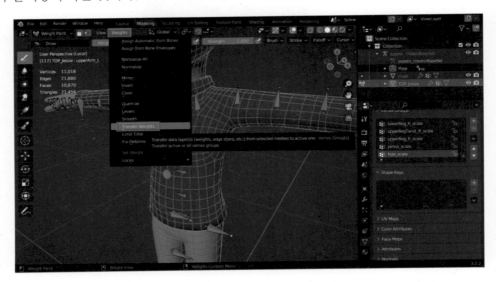

11) Transfer Mesh Data → Source Layers Selection → By Name으로 교체한다.

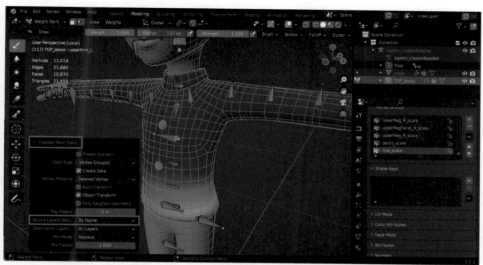

12) ① Move 상태에서 아래와 같이 ② 어깨 조인트를 선택해 보자. 한 번 선택할 때와 두 번째 선택할 때 조인트 주변의 Mesh 색상이 다르게 보일 것이다. 색상이 연두 색이 나온다는 것은 Skinning이 적용되어 있다는 의미이고, 파란색은 적용이 안 되어 있다는 의미가 된다.

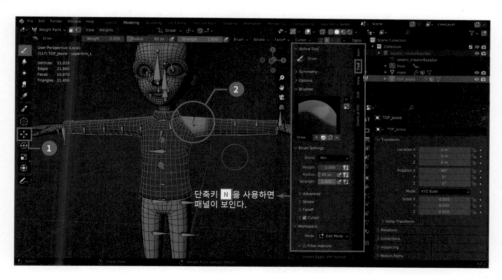

13) 아래와 같이 Skinning이 적용된 상태(LMB×2 하여 Joint가 점선으로 연결된 상태)에서 ❶ Object Data Properties를 선택하고 Vertex Groups 아래를 보면 ❷ upperArm_L이 선택될 것이다. [주의: 만약 upperArm_L_scale이 선택되었다면 Vertex Groups에서 찾아서 선택하여도 된다.]

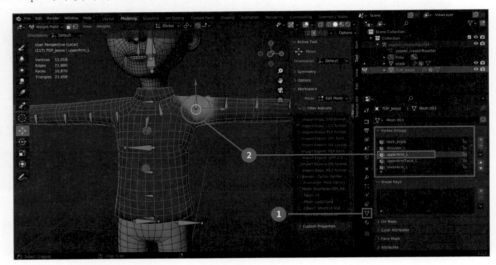

14) 키보드 Tap을 클릭하면 **①** Edit Mode → Face로 돌아오게 된다. (만약 캐릭터까지 노랗게 선택이 되어 있으면 **②** Viewport 허공에 LMB 한 번 하면 선택 해제가 된다.)

15) Vertex Groups 아래 **③** Select를 하면 현재 적용되어 있는 weight 범위가 **④** 선택되게 된다.

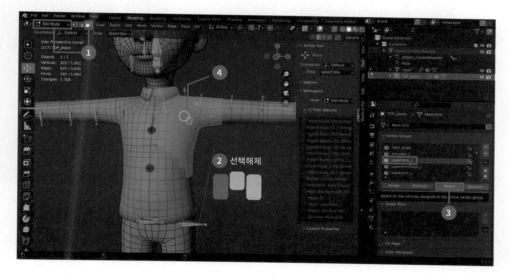

16) Vertex Groups 아래 Remove를 하여 weight 값을 삭제한다. (지금은 아무 변화가 없어 보일 것이다.)

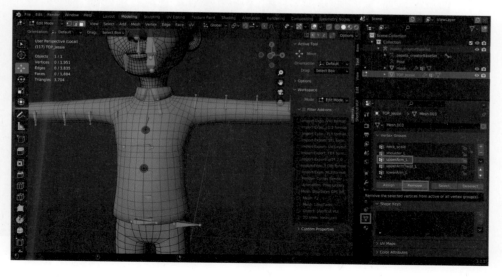

17) 다시 Viewport 허공에 LMB 한 번 하여 ① 선택 해제를 하고, Vertex Groups 아래 다시 ② Select를 하면 위에서 weight가 삭제되었기 때문에 더 이상 Ⓐ 보이지 않게 된다.

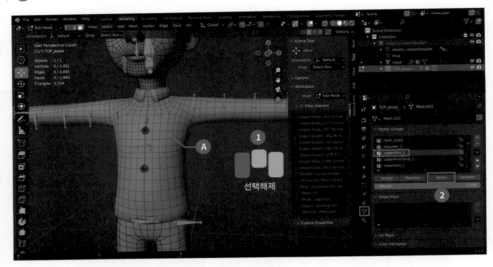

18) 다시 ① Weight Mode로 돌아와서 위와 같은 방법으로 Joint들의 Weight 값을 삭제하도록 한다.

[주의: Vertex Groups의 Joint 이름 중 scale이 들어간 이름의 Joint weight는 절대 삭제해서는 안 된다. 승인 거절 사유가 된다.]

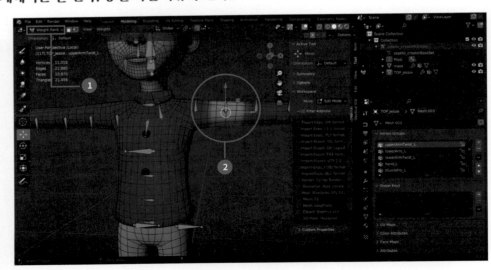

19) 키보드 Tap을 클릭하면 Edit Mode로 돌아오게 된다.

Vertex Groups 아래 Select를 하면 현재 적용되어 있는 weight 범위가 선택되게 된다.

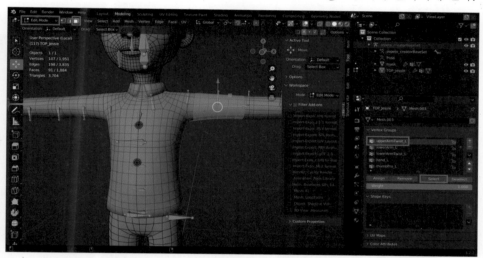

20) ① Vertex Groups 아래 Remove를 하여 weight 값을 삭제한다. Viewport → ②
LMB 후 다시 Vertex Groups 아래 ③ Select를 하면 위에서 weight가 삭제되었기 때문
에 더 이상 보이지 않게 된다.

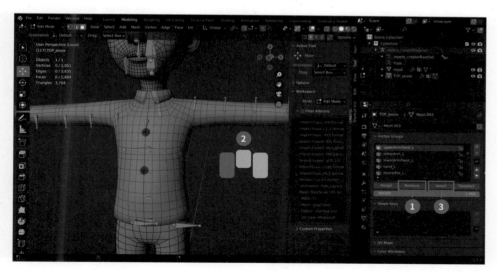

21) Weight Paint Mode → upperArm_L Joint를 선택해 보면 더 이상 Weight 값(연두색)이 적용되지 않는 것을 알 수 있다. 파란색으로 weight가 적용이 해제되었다면 성공적으로 진행한 것이다.

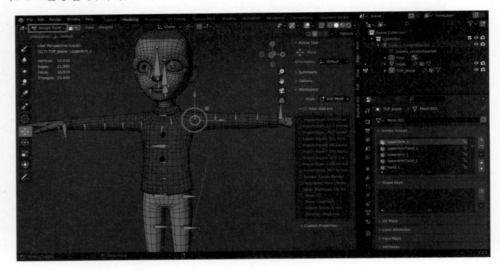

22) 다음 upperArmTwist_L을 위와 같이 진행해 보자. 위와 같이 파란색으로 weight가 적용이 해제되었다면 성공적으로 진행한 것이다.

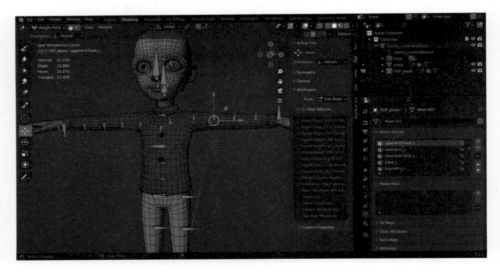

23) 위의 방법을 활용하여 손목 Joint(hand_L, hand_R)를 제외한 상의와 교차하는 모든 joint에 적용해 보자 [**Weight가 삭제되어야 할 Joint 이름**: hips, spine, chest, chestUpper, neck, head, shoulder_L, upperArm_L, upperArmTwist_L, lowerArm_L, lowerArmTwist_L, shoulder_R, upperArm_R, upperArmTwist_R, lowerArm_R, lowerArmTwist_R, pelvis,]

[주의: _scale이 이름에 포함된 Joint는 절대 편집하지 말아야 한다. 신체 타입 변경 오류와 완성도가 떨어지므로 심사가 거절될 수 있다.]

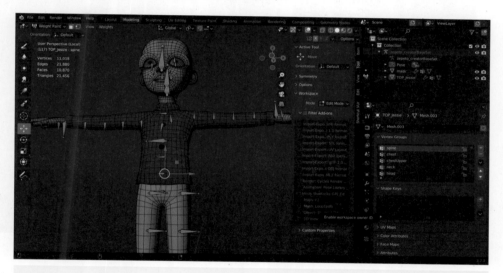

 심사가 거절되었습니다.
자세한 내용은 가이드라인을 꼭 확인해 주세요!

- 신체 타입 변경 오류
- 완성도가 떨어짐

4. TOP Masking

1) Object Mode에서 mask를 선택하고 Vertex Paint 모드로 전환한다. Masking 작업을 실시할 것이다. Masking 작업은 옷과 교차되는 Skin을 투명하게 하여 Skin이 옷을 뚫고 나오는 상황을 감출 수 있다.

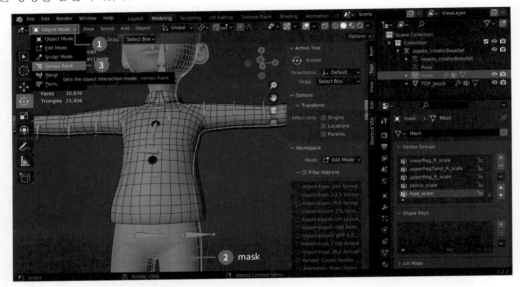

2) 이 과정은 상의의 안쪽 스킨을 보이지 않게 하는 과정이다. ❶ Top_Jessie를 선택하여 숨기기 한 후 3D_View 패널 메뉴(단축키 N 을 하면 보임)에서 ❷ Tool을 선택한다. ❸ Picker의 컬러 슬라이드를 검은색으로 완전히 내려 준 다음, ❹ 브러시 상태에서 ❺ Radios(브러시 크기) 값과 Strength(브러시 강도) 값을 조절하여 상의와 겹치는 부분을 칠한다. 상의를 보이게/안 보이게 하면서 칠을 하고 검은색이 상의 바깥으로 보여서는 안 된다. 검정으로 칠한 부분은 투명하게 되니 상의 바깥으로 칠을 하면 피부가 투명하게 보일 것이다. 실수로 검은색이 상의 바깥으로 보인다면 ❸ Color Picker의 슬라이드를 다시 하얀색으로 완전히 올려서 칠을 하면 된다.

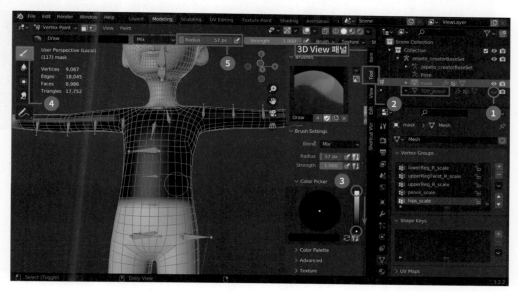

3) Vertex Paint가 완료 후 ❶ 상의가 보이게 하면 아래와 같이 상의 아래로 검은색이 보이지 않아야 한다.

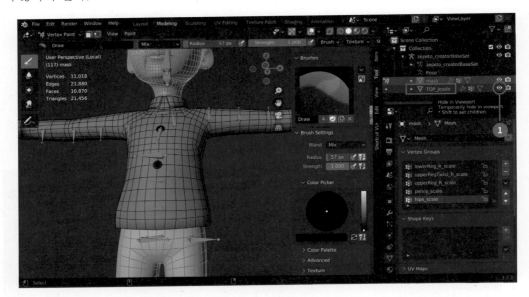

4) Object Mode → Joint 선택 → ❶ Pose Mode 한 후 ❷ 어깨 Joint(upperArm_L)를 회전하면 ❸ 정상적으로 파고드는 효과는 없어지게 된다. **해당 Joint를 선택된 상태에서** Alt + 'R'(Bind Pose로 되돌리기) 한다.

(주의: Joint는 첫 번째 선택할 때와 두 번째 선택할 때가 다른데, 한 장소에 Joint가 두 개 있어서 그렇다. 하나는 일반 Joint이고 다른 하나는 scale가 포함된 joint이다. 여기서 위는 일반 Joint를 회전한 것이고, 아래 이미지처럼 Joint 사이에 점선을 연결되어 있으면 제대로 선택한 것이다.)

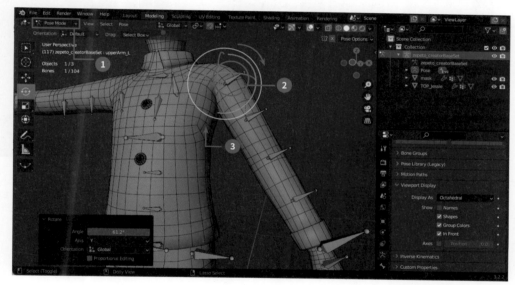

5) 팔꿈치 부분도 위와 같이 테스트해 보면 정상적으로 Skinning이 완성될 것이다. T-Pose로 돌아가려면 **해당 Joint를 선택된 상태에서** Alt + 'R'(Bind Pose로 되돌리기) 한다.

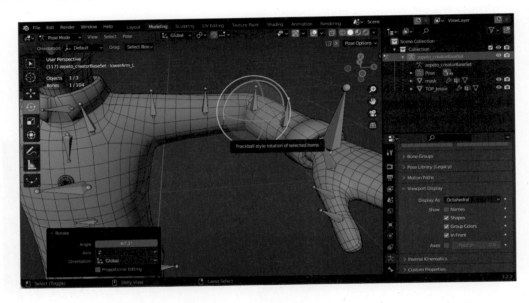

[참고: Skinning 작업은 초보자가 다루기엔 어려운 과정이다. 따라서 위와 같이 기본만 다루기로 할 것이다.]

6) 제페토에서는 Joint의 개수를 총 100개까지만 허용한다. 따라서 현재의 Joint 개수를 파악하기 위해서 Object Mode → Joint 선택(어떤 조인트를 선택해도 무방) → ❶ Pose Mode → ❷ Overlays → ❸ View Overlays → Statistics를 체크한다. 그럼 우측에 ❹ Bones 0/104, 즉 총 104개 중에 0개가 선택되어 있다는 뜻이다.

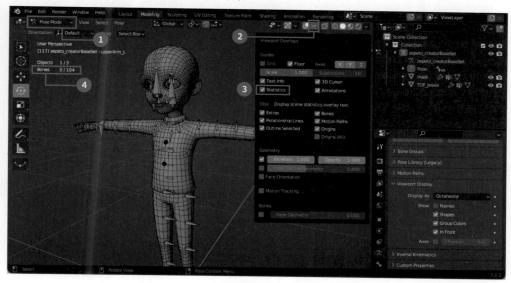

7) Edit Mode에서 양쪽 끝에 있는 조인트를 선택 〉 'X' 하여 삭제한다.

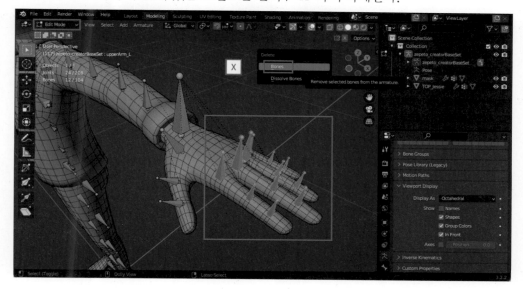

8) 아래 이미지는 손 부분 Joint를 삭제한 이미지이다. Bone 개수가 80개이므로 안정적이다.

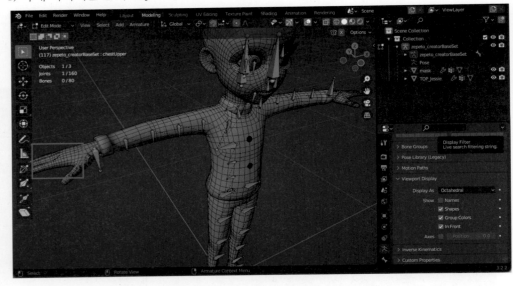

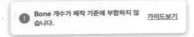

[참고: 만약 삭제하지 않는다면 제페토 스튜디오에 심사 제출 시 아래와 같이 경고 문구가 보일 것이다.]

9) Object Mode에서 ❶ 캐릭터(mask)를 선택하고 ❷ Modifier Properties → Bind To Vertex Groups를 체크 해제한다. mask에 연결된 Joint를 분리(Un Bind)하기 위해서 하는 것이다.

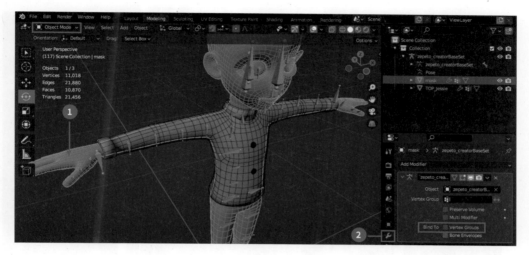

10) Object Mode → Joint 선택 → Pose Mode로 전환하고 나서 어깨의 joint(upperArm_L)를 회전해 본다.

[참고: Pose Mode로 전환하고자 할 때 Pose Mode가 안 보이는 문제가 있다면 Joint를 선택하고 나면 보일 것이다. 그리고 Joint를 선택하고 회전할 때 Joint와 Joint 사이에 점선이 보이는 상태가 되면 회전 시 아래 이미지와 같이 회전된다.]

11) 확인이 되었으면 Ctrl + Z 하여 원래대로 되돌려 놓는다. Alt + 'R'(Bind Pose로 되돌리기) 해도 같은 효과가 있다.(Alt+R이 효과가 없다면 joint 한개를 선택하고 Alt+R하면 효과가 있을 것이다.)

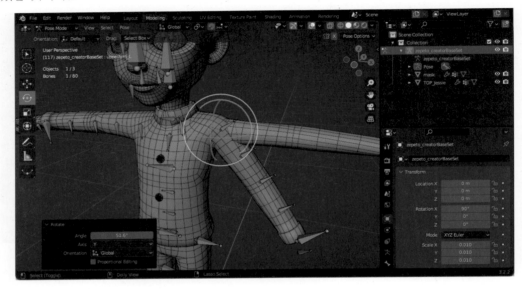

12) 마지막으로 Object Mode ❶ Outliner에서 zepeto_creatBaseSet, TOP_Jessie, mask 파일을 순서 상관없이 Ctrl + LMB 선택하여 ❷ File → Export → FBX(.fbx) 파일로 저장한다.

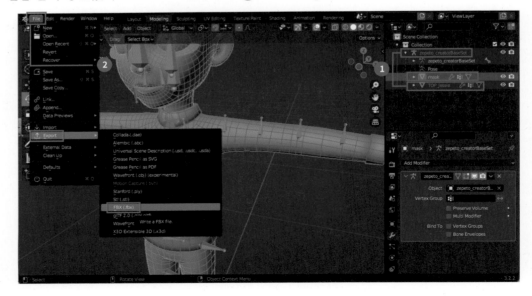

13) 저장 시 선택된 오브젝트만 저장될 수 있도록 Selected Objects를 체크하고 Export FBX 한다. 파일 이름은 TOP_JessieRigCom.fbx로 하자.

5. TOP Texturing

1) Pixlr 이미지 편집 툴을 열고 앞에서 저장했던 파일 JessieTop.png를 찾아서 Drag & Drop 하여 아래와 같이 준비를 마친다.

2) '+' → 이미지로 새로운 레이어를 생성하고 나서 Pixabay에서 다운로드한 무료 이미지 파일을 불러오기 한다. 같은 이미지가 아니어도 되고 선호도에 따라 달라져도 상관없다.

3) green_g91835… 레이어를 선택하고 RMB → 블랜드 모드 → 오버레이를 하여 아래 UV 정보가 투영되도록 하고 X를 하여 닫아 준다.

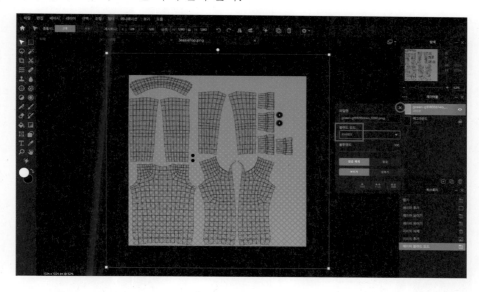

4) 추가적으로 비움 레이어를 생성한다. 이번에는 오버레이 기능을 이용하여 마음에 들지 않는 녹색을 부분적으로 변경할 것이다.

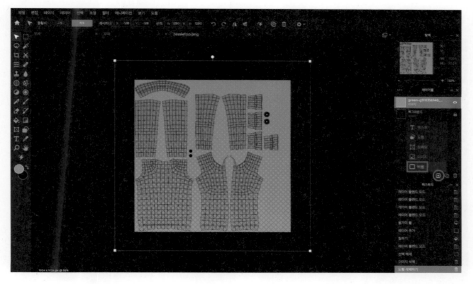

5) 아래와 같이 올가미 툴(다각형 타입)을 이용하여 상의 전면과 후면 부분의 Path 작업을 실시한다. 바탕색을 아래와 같이 붉은색으로 변경한다. 취향에 따라 색을 자유롭게 변경해도 무방하다. 완료되면 닫기 한다.

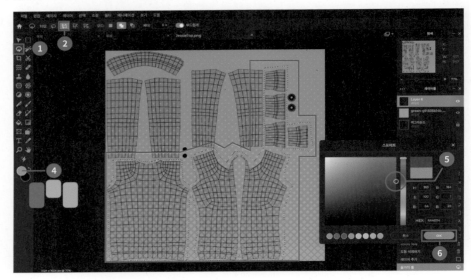

6) 페이트통을 선택하고 올가미 안을 LMB 하면 아래와 같이 올가미 안쪽으로 붉게 칠해지게 된다. Ctrl + D 하면 올가미 툴이 해제되게 된다.

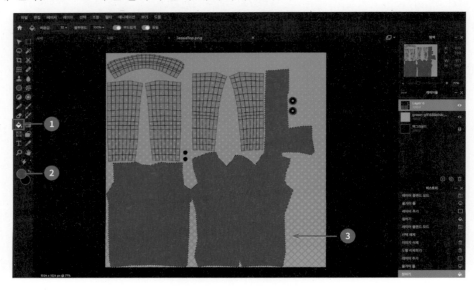

7) 위에서 생성한 레이어를 선택하고 RMB → 파일명을 아래와 같이 변경하고 블랜드 모드를 색상으로 변환하여 붉은색이 아래 이미지를 지배할 수 있도록 하고 X 하여 닫기 한다.

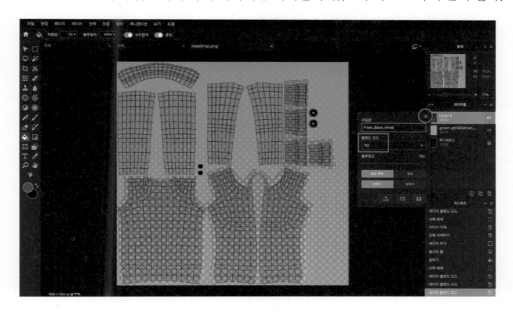

8) 비움 레이어를 생성한다.

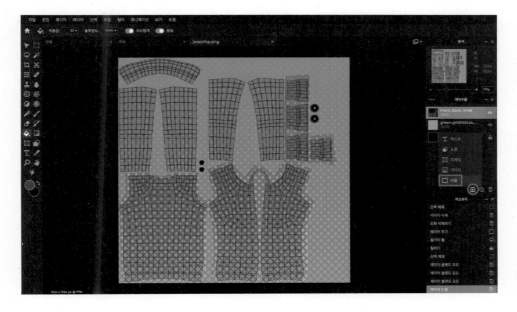

9) 아래와 같이 올가미 툴(다각형 타입)을 이용하여 상의 팔 부분과 칼라 부분 전면과 후면 부분의 Path 작업을 실시한다. 전경 색을 아래와 같이 변환한다. 색깔은 자유롭게 선택해도 무방하다.

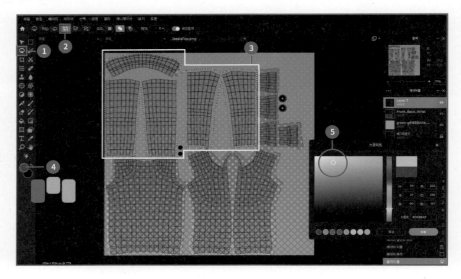

10) 페인트통을 선택하고 올가미 안을 LMB 하면 아래와 같이 올가미 안쪽으로 색이 칠해지게 된다. Ctrl + D 하면 올가미 툴이 해제되게 된다.

위의 레이어를 RMB → 파일명 → Arm → 블랜드 모드 → 색상으로 변환하고 X 하여 닫는다.

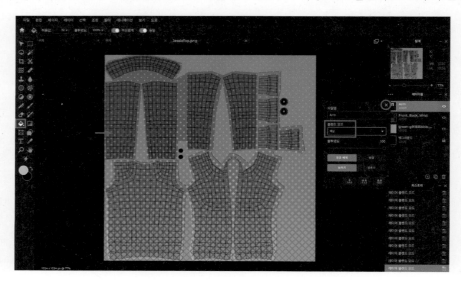

11) 이미지 레이어를 추가적으로 생성한다.

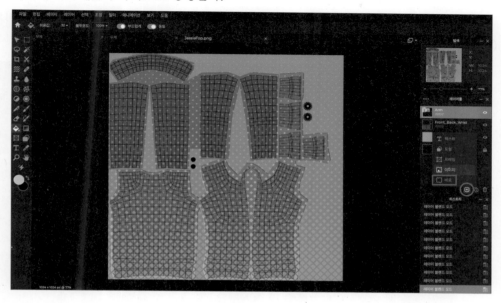

12) Pixabay에서 다운로드한 무료 이미지를 불러오기 한다. 금속에 해당하는 부분이라 금
속 이미지를 불러오기 하였다.

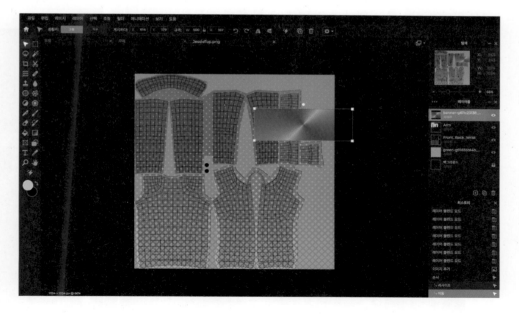

13) 위에서 생성한 레이어를 RMB하여 파일명을 아래와 같이 수정하고 블랜드 모드를 하드라이트로 수정하고 X 하여 팝업창을 닫는다. [참고: 블랜드 모드는 아래 레이어가 비치는 효과로만 사용하기 때문에 다른 모드(예: 색상)를 사용해도 무방하다.]

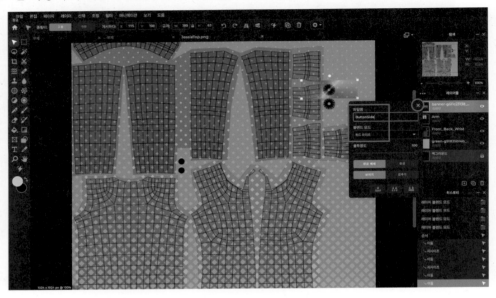

14) 위의 레이어를 선택하고 Ctrl + D 하여 복제/이동한다.

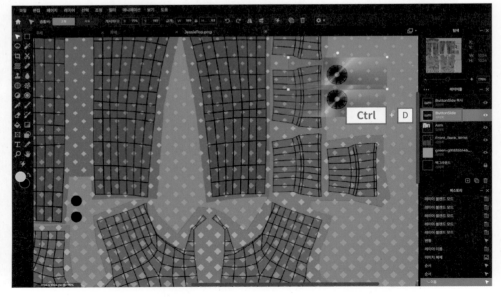

15) 새로운 비움 레이어를 생성한다.

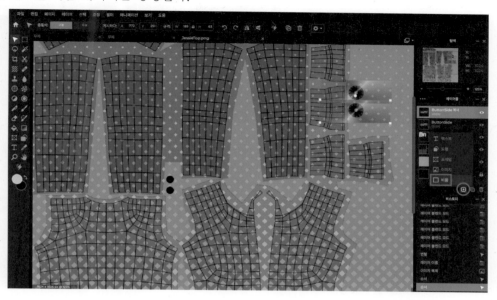

16) 올가미 대신 ❶ ❷ 사각 선택 영역을 선택하고 ❸ 영역을 드래그하여 설정 → ❹ 전경색을 아래와 같이 변경하고 OK 한다.

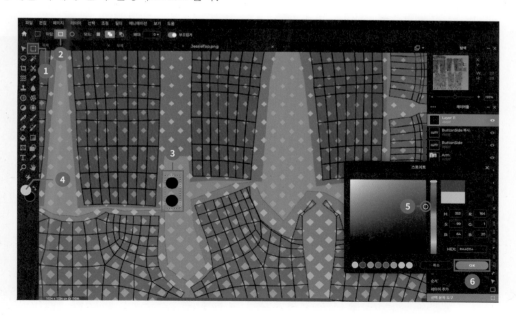

17) 페인트통을 선택하고 올가미 툴 안을 LMB 하여 붉은색으로 채워 준다.

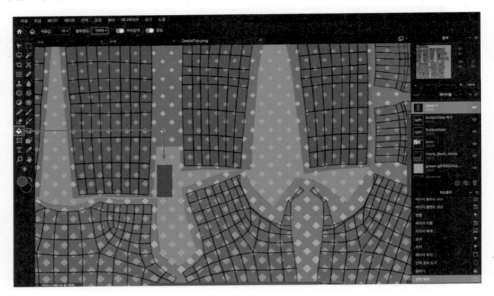

18) 올가미 툴로 아래 이미지와 같이 원형 단추 주변을 클릭하여 그려 주고, Ctrl + Shift + I를 하여 선택 영역 반전 후 하고 원본 레이어 선택 → Delete를 하여 주변을 삭제한다. 사본 레이어도 선택 후 삭제하도록 한다.

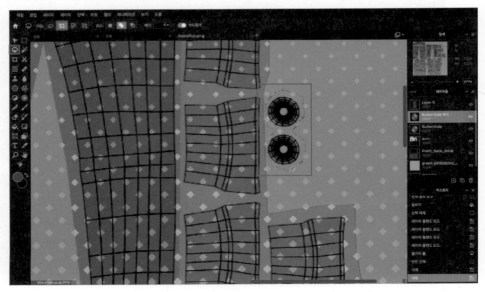

19) 사본 레이어를 RMB 하여 블랜드 모드를 없음으로 변경하여 준다. 그러면 블랜드 모드가 없어지고 고유의 이미지가 드러날 것이다.

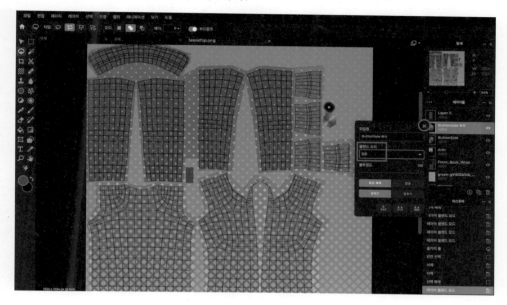

20) 원본 레이어를 RMB 하여 블랜드 모드를 없음으로 변경하여 준다. 그러면 블랜드 모드가 없어지고 고유의 이미지가 드러날 것이다.

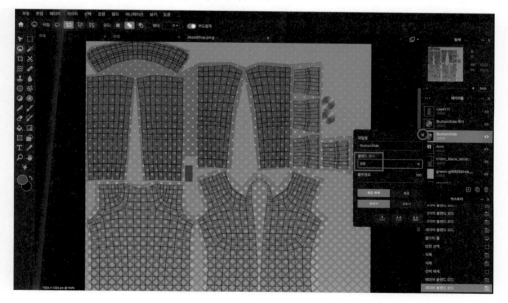

21) 작업이 완료되면 백그라운드는 필요가 없기 때문에 LMB 하여 자물쇠를 풀어 주고 눈 동자를 클릭하여 숨기기 한다.

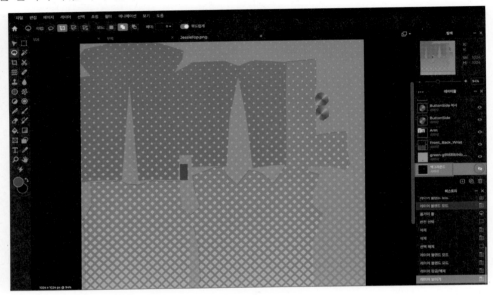

22) 우선 편집 가능한 파일로 내 PC 안에 저장할 것이다. 파일 → 저장 → 이미지 저장 → PXG로 설정하여 다른 이름으로 저장하기 한다.

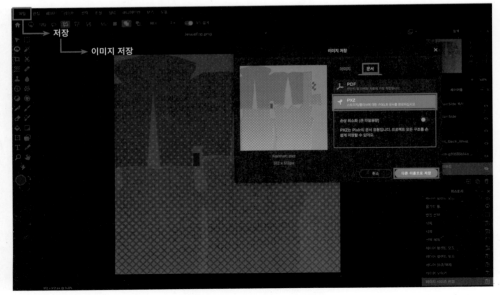

23) 필수적으로 제페토 스튜디오에 업로드 가능한 사이즈는 512사이즈이기 때문에 페이지 → 페이지 사이즈 변경에서 512로 변경하고 적용하기 한다.

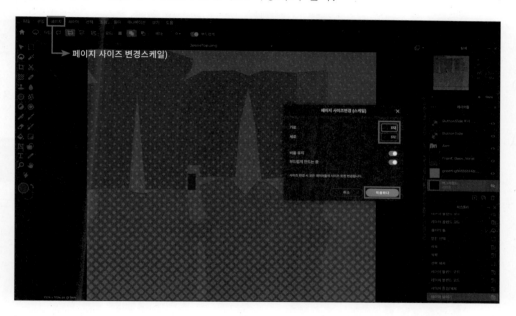

24) 다음 마지막으로 파일 → 내보내기 → PNG로 내보내기 하고 파일 이름은 Jessie TopAlbedo.png로 한다.

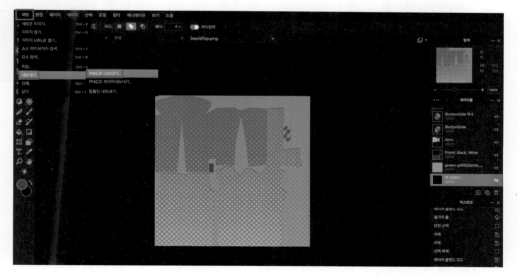

6. TOP Converting

6-1 Import 및 사전 준비

1) 위에서 완성한 TOP_JessieRigCom.fbx와 JessieTopAlbedo.png 파일를 Drag & Drop 해서 Contents 폴더 안에 넣는다.

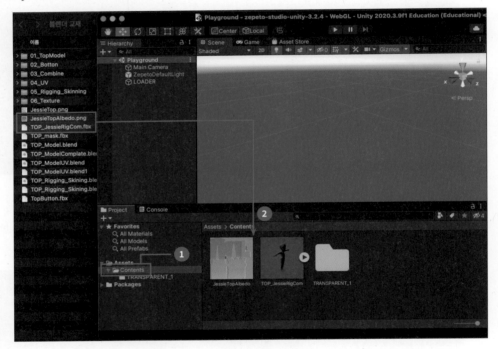

6-2 Material

2) 다음 Project 창에서 RMB → Crate → Material을 하여 새로운 마테리얼을 생성하고,

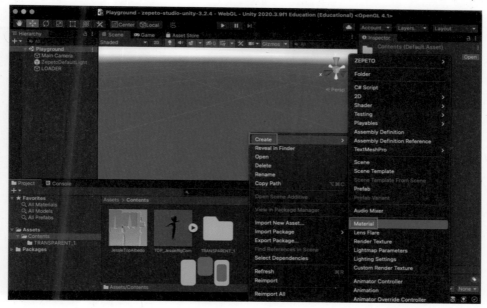

3) 이름을 'JessietMat'로 정한다. (이름은 크게 중요하지 않지만 영문으로 작성해야 한다.)

4) 다음 Inspector 창에서 Shader → ZEPETO → Standard를 하여 셰이더를 변경하고 Texture를 Albedo 슬롯에 Drag & Drop 한다.

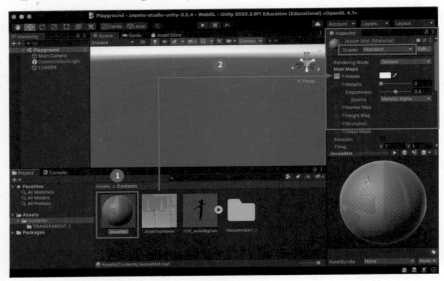

5) 오브젝트롤 선택하고 우측 Inspector에서 Material → JessieHat_shd 슬롯에 위에서 만든 JessieHatMat 마데리얼을 Drag & Drop 하고 Apply 한다.

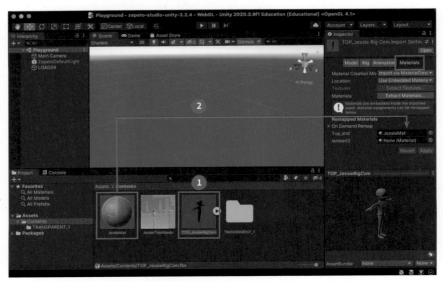

6-3   Prefabs

1) Top_Jessie 오브젝트를 RMB → Zepeto Studio → Convert to ZEPETO style로 변환한다.

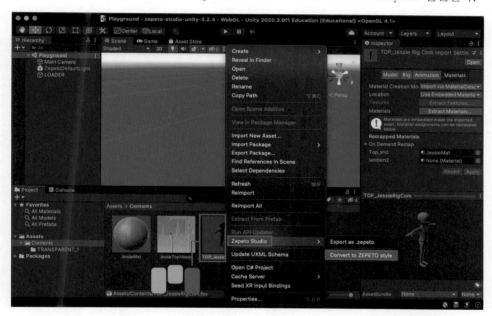

1) Assets → Playground를 더블클릭하여 Scene을 활성화시키고 LOADER를 클릭하면 우측 Inspector 창 Makeup 아래로 해당 아이템을 체크할 수 있도록 나열되어 있다.

2) 여기서 ClothsTop을 체크하고 슬롯에 Zepeto Style 파일을 Drag & Drop 한다. 다음 상단 중앙의 Play를 클릭했을 때 아래와 같이 보이면 정상적으로 진행한 것이다.

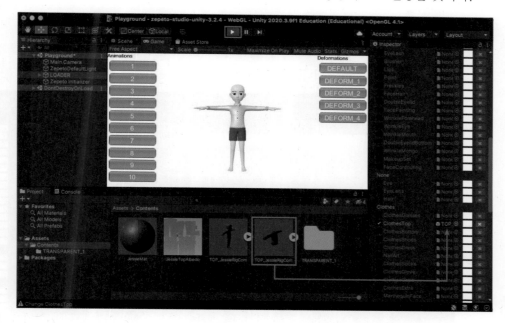

6-5 변환

1) 이제 제페토 스튜디오에 업로드할 수 있도록 .zepeto 확장자로 변환해 보자.

① Zepeto Style 파일 → RMB → ② Zepeto Studio → ③ Export as .zepeto를 선택하고 Save하면 완료된 것이다.

7. 심사 제출

1) 제페토 스튜디오에 접근한 후 '만들기' 한다.

2) 아이템을 클릭한다. 관계없는 팝업은 닫아도 무방하다.

3) 3D 파일로 '아이템 만들기'를 선택한다.

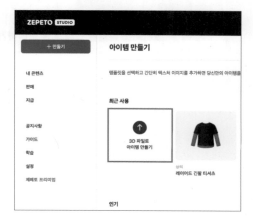

4) 상의를 선택한다.

5) 유니티에서 최종 완성한 .zepeto 확장자 파일을 Drag & Drop 한다.

(파일 경로: zepeto-studio-unity-3.2.4 → Assets → Contents에서 .zepeto 파일을 찾으면 된다.)

6) 아래와 같이 이름, 카테고리, 태그, 가격 등 상세 정보를 입력하고 '심사 제출'한다.

[주의: 심사 제출 전 3D 파일에 문제가 없는지 반드시 휴대전화에서 미리보기 해 보기 바란다. 확인 방법은 휴대전화에서 미리보기 → 휴대전화 제페토 앱의 알림에서 확인이 가능하다.]

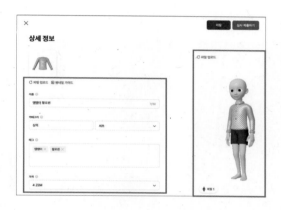

[문제 해결]

1) 볼륨을 편집하고 싶다면 Skinning이 완료된 후(TOP_JessieRigCom.fbx 파일 사용) Sculpting Mode → Draw → 아래와 같이 Radios(브러시 크기) 값과 Strength(브러시 강도) 값을 조절하여 볼륨을 조절할 수 있다. 이 작업은 제페토 스튜디오에 업로드 시 우측처럼 하의가 상의를 뚫고 나오면 이 과정으로 돌아와서 진행하기로 한다.

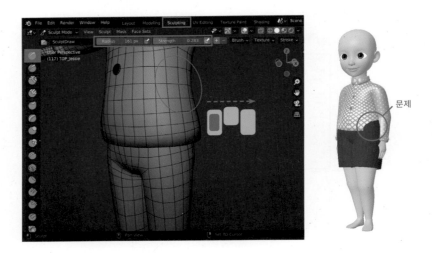

2) 아래와 같이 승인되면 판매가 곧 시작될 것이다.

아이템/카테고리	가격	공개	검토 상태	업데이트
JessieTOP 상의 > 셔츠	4	활성	승인됨	Dec 19, 2022 ⋯

PART

V

· ·

하의(BTM) 만들기

모델링 전 준비 항목

'BTM_mask.fbx(Base Mesh)', 'creatorBaseSet_zepeto.fbx', 'TOP_BTM_guide.fbx'.
위 파일은 광문각 홈페이지(http://www.kwangmoonkag.co.kr/) 자료실에서 다운로드할
수 있습니다.

1. BTM Modeling

1-1 기초 모델링

1) File → Import → FBX(.fbx)로 책과 함께 제공된 BTM_**mask.fbx(Base Mesh),**
creatorBaseSet_zepeto.fbx, TOP_BTM_guide.fbx를 불러오기 한다. BTM_mask.
fbx를 사용하여 하의 모델링을 진행할 것이다. BTM_guide_dummy는 숨기기하고
wireframe 모드로 변경한다.

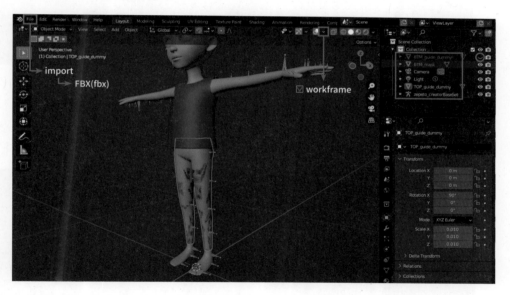

2) Object Mode → ❶ Outliner에서 하의 오브젝트(BTM_mask) 선택 → ❷ 우측
Modifier Properties → ❸ Add Modifier → Solidify를 추가하여 두께를 생성한다.

3) 아래와 같이 두께가 생성이 되고 Offset을 -1.000에서 1.000으로 변경하면 바깥 부
분으로 두께가 생성된다. 두께도 Thickness 값을 조절하여 변경할 수 있는데 여기서는
❹ 0.35m로 Offest은 1로 진행한다. 두꺼운 의상인지 얇은 의상인지에 따라 자유롭게

4) Thickness 값을 변경하되 제페토 아바타인 경우 현실 세계보다 조금 더 옷을 두껍게 표현하는 것이 좋다.

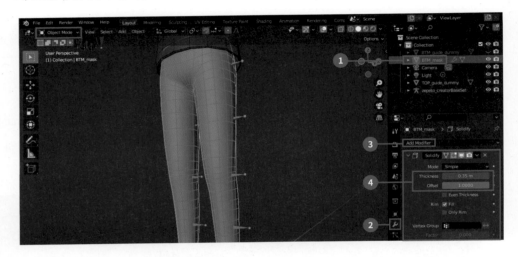

5) 다음은 Leg 아래 Detail을 표현하기 위해서 Object Mode에서 Object → Convert To Mesh 한다. 그러면 우측 Modifier Properties의 정보들이 깨끗하게 사라지게 된다.

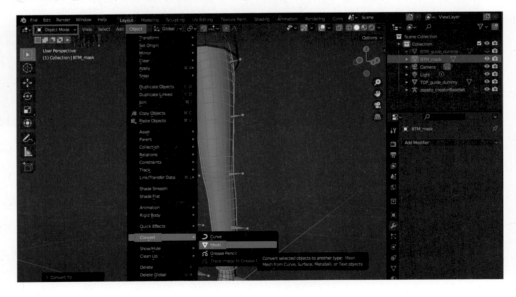

6) ① Edit Mode → ② Face Mode → ③ Symmetry X → 아래와 같이 Mesh를 우측 무릎만 다중선택한다. Symmetry X를 하지 않아도 된다. 어차피 반대쪽은 지우고 Mirror 할 것이니 결과는 같다.

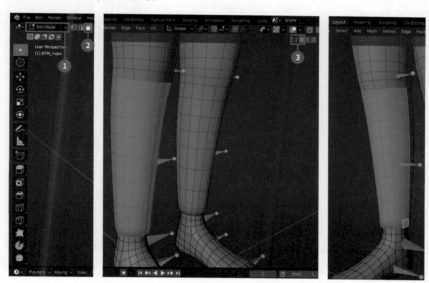

7) Shift + D → RMB 하면 무릎 위치에 Mesh가 복사된다.

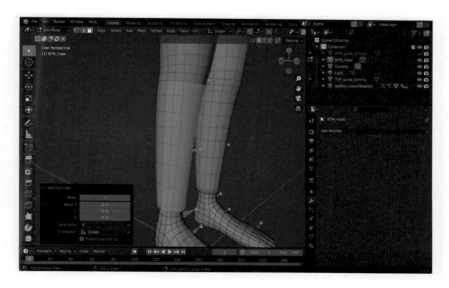

8) Edit Mode → Face Mode → ① loop 선택 → ② Move → (Alt + LMB) Gizmo Y 방향으로 아래와 같이 이동한다.

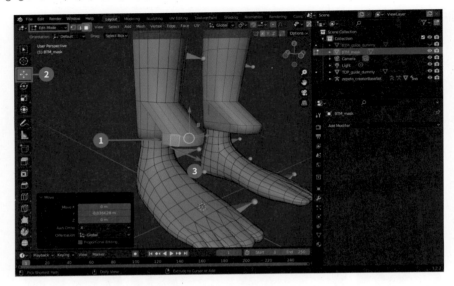

9) 위에 있는 다른 부분들도 loop 선택(Alt + LMB)하여 이동해 주되, 제일 상단의 Ⓐ Edge는 이동되지 않도록 주의한다. 무릎 부분의 천과 재봉이 되는 부분이기 때문이다.

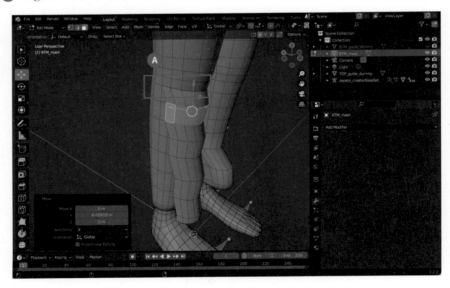

10) Vertex Mode에서 아래와 같이 ❶ loop 선택(Alt + LMB) → ❷ Scale → Gizmo X 방향으로 확대한다.

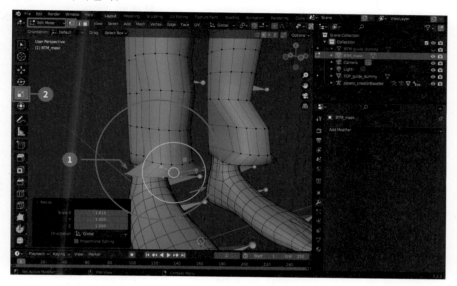

11) ❶ 정면 View에서 ❶ loop 선택(Alt + LMB)하여 아래 이미지와 같이 아래로 내려갈수록 넓어지게 조절❹ 한다. 왼쪽 부분과 작업을 진행하는 오른쪽 부분이 서로 달라도 걱정하지 말자. 뒤에서 Mirror를 통해 복사하면 된다.

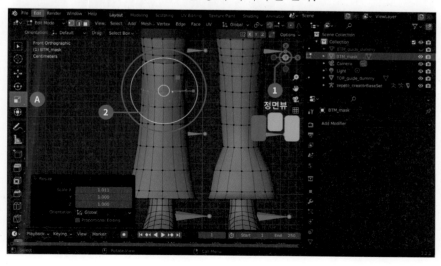

12) ❶ 측면 View에서 (오른쪽 다리) ❷ loop 선택(Alt + LMB) ❸ 이동, 아래 이미지와 같이 Gizmo Y 방향으로 이동하여 아래로 내려갈수록 넓어지게 조절한다.

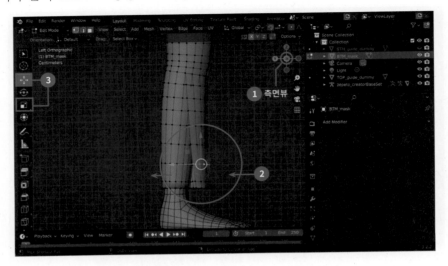

13) 옆부분도 안으로 말려 들어갈 수 있도록 끝부분 Vertex들을 종아리 쪽으로 이동하여 종 형태의 모양을 만든다. 이때 Orientation을 Normal로 하여 이동하면 월드 방향이 아닌 Normal 방향으로 자연스럽게 이동된다.

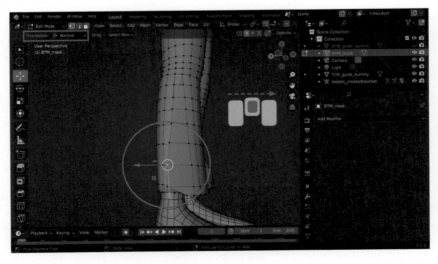

14) 안쪽 부분도 위와 같은 방식으로 진행한다.

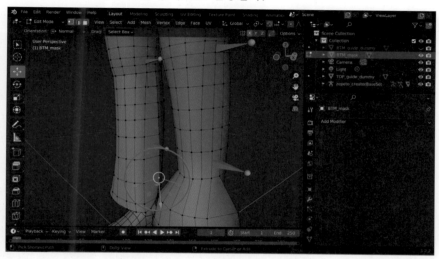

15) 다른 Vertex들도 위와 같이 이동하여 아래와 같이 최대한 아래로 퍼지는 형태[주의: 발등 부분으로 많이 내려가지 않게 한다.]를 만들고 나서, ❶ Face Mode로 변환 후 마우스 커서를 작업 중인 ❷ Mesh 위에 올려놓고 "L" 하면 작업 중인 Mesh가 모두 선택이 된다. 다음 ❸ Modifier Properties → ❹ Add Modifier를 선택하고

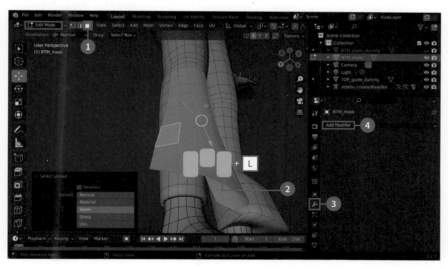

16) Solidify 하여 두께를 생성한다.

17) Thickness를 0.35, Offest을 그대로 -1로 설정한다.

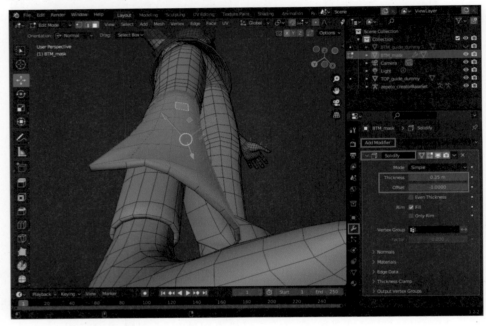

18) 이제 벨트를 만들어 보자. Outliner에서 ① TOP_guide_dummy를 숨겨 놓는다. 아래와 같이 ② Ring 선택(Alt + LMB)하고 Shift + D → RMB 하면 선택한 위치에 Mesh 가 복사된다. ③ Add Duplicate에서 Z 값을 -0.003으로 조절한다.

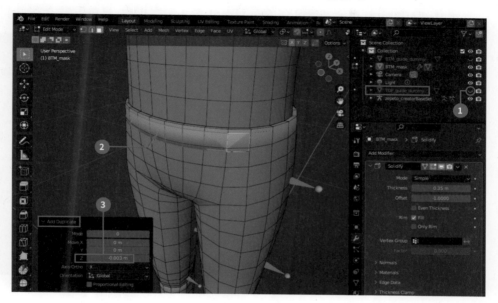

19) ❶ Scale → ❷ Gizmo의 중심 원을 LMB Drag 하여 벨트가 하의 바깥으로 보이게 크기를 약간 크게 한다. [여기서 무릎 부분을 Shift + "D" 할 때와 벨트 부분 Shift + "D" 할 때 차이점은 전자인 경우 두께가 없어서 Solidify로 두께를 생성했고, 후자는 자동으로 두께가 생성되었다. 이는 전자의 Solidify 명령이 후자에도 적용되었음을 알 수 있다.]

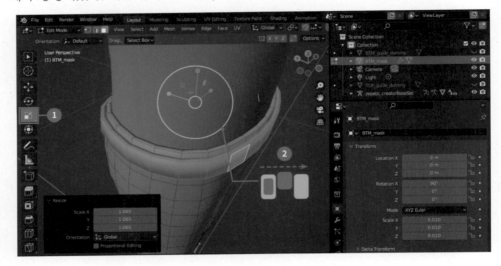

20) 이제 벨트의 고리를 만들 것이다. Object Mode → Add → Mesh → Plane 하여 사각 Plane을 하나 생성한다.

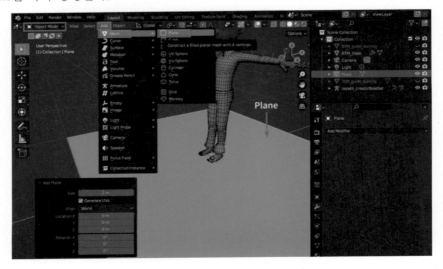

21) Add Plane 창에서 Size를 0.0025, Location X를 -0.09, Z값을 0.58, Rotation X값을 90도로 조절하여 아래 이미지와 같이 벨트의 측면부에 배치한다.

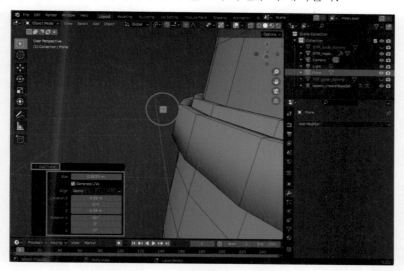

22) Edit Mode → Vertex → Plane의 사방 Vertex를 모두 선택하고 아래의 위치에 올 때까지 Move와 Rotate를 사용해서 이동/회전한다. 다음 Plane의 좌측 바깥쪽 Vertex 두 개만 **Ⓐ** 선택한다. 여기를 시작으로 Face를 생성해 나갈 것이다.

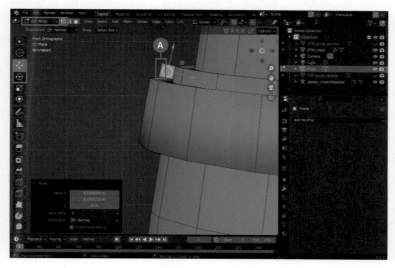

23) ❶ 좌측의 Extrude Region(단축키 "E")을 선택하면 아래 이미지와 같이 보이며
❷ "+"를 이동하여 돌출할 수 있다.

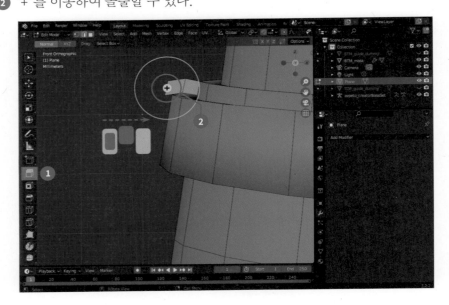

24) 돌출하고 나서 회전(Gizmo Y)하여 다음 연결될 시작 위치를 결정한다.

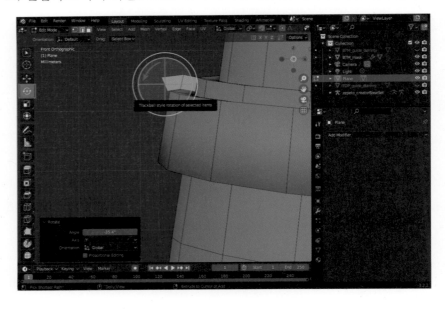

25) 위의 Extrude Region → 돌출 → 회전/이동을 반복하여 아래와 같이 벨트 고리 형태를 완성한다.

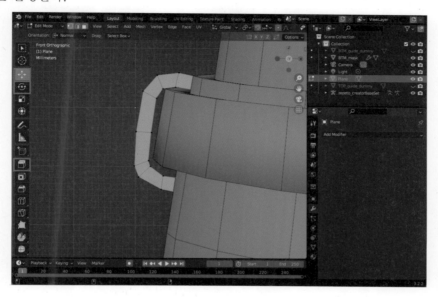

26) Edge Mode → 벨트 고리의 시작 부분과 끝부분이 바지 안으로 삽입되어야 하므로 안쪽 Edge 선택 후 이동(Gizmo Z)하여 안으로 밀어 넣는다.

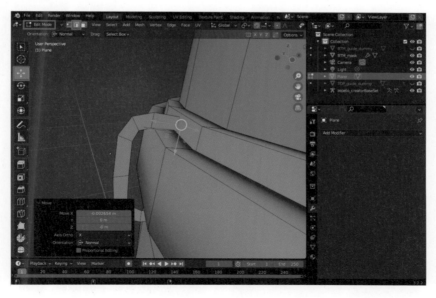

27) Face Mode → 아래와 같이 Ring 선택(Alt + LMB)을 한다. 이제 두께를 생성해 볼 것이다.

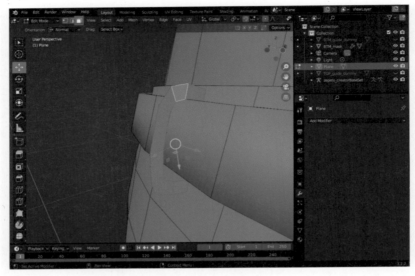

28) 다음  Modifier Properties → Add Modifier를 선택하고 Solidify 하여 두께를 생성한다.

29) Thickness를 0.005, Offset을 -1로 설정한다.

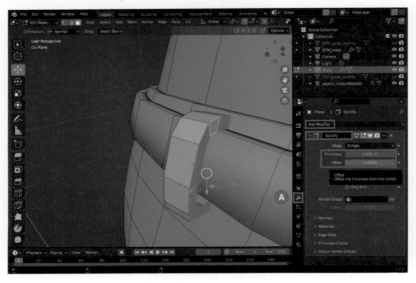

30) 벨트 고리가 완성이 되었으면 Object Mode → RMB → Convert To → Mesh 하여 Mesh 상태로 전환한다.

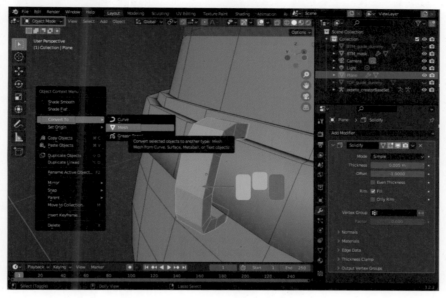

31) 회전과 이동을 반복하여 적당한 위치를 잡아 준다.

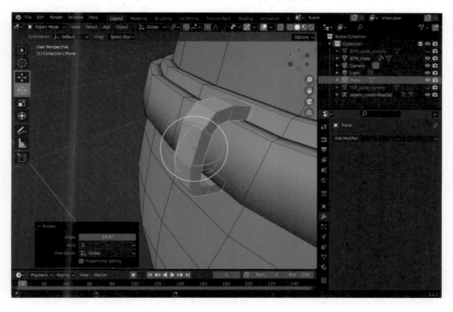

32) 벨트 고리가 선택된 상태에서 RMB → Shade Smooth 하여 Mash를 부드럽게 한다.

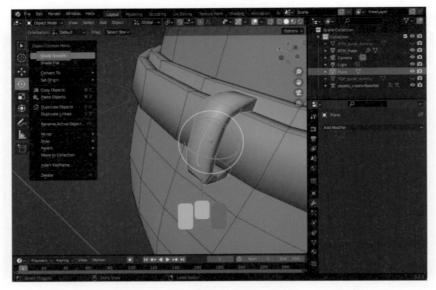

33) 벨트 고리가 선택된 상태에서 Ctrl + C → Ctrl + V 하여 복사 붙여넣기 한 후, 이동과 회전을 반복하여 아래 이미지와 같이 배치한다. 참고로 우리는 한쪽(캐릭터 기준 오른쪽)만 총 4개의 고리를 배치할 것이다.

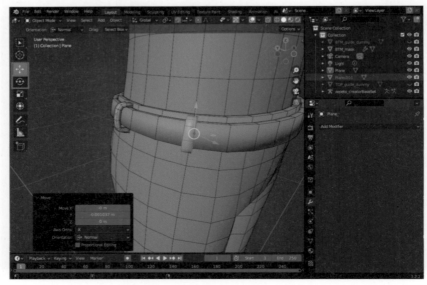

34) 뒷부분도 벨트 고리가 선택된 상태에서 Ctrl + C → Ctrl + V 하여 복사 붙여넣기 한 후, 이동과 회전을 반복하여 아래 이미지와 같이 배치한다.

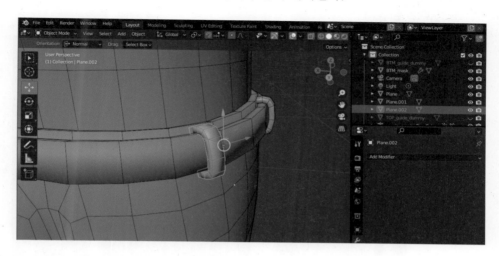

35) 나머지 벨트 고리는 버클을 한 후에 하기로 하고, 우선 Object Mode → Add → Mesh → Cylinder 하여 원기둥 오브젝트를 생성한다.

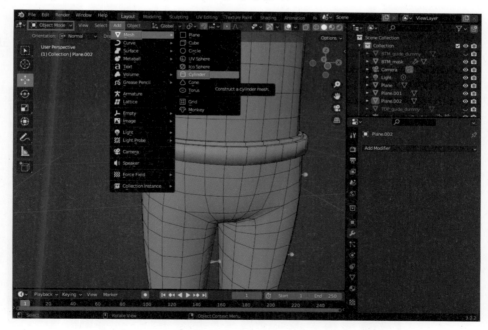

36) Add Cylinder 창에서 Vertices를 12(숫자가 커지면 데이터도 커지기 때문에 여기서는 12로 맞추도록 하자), Radius를 0.015, Depth를 0.2, Location Z를 0.57, Rotation X를 90도로 맞춘다.

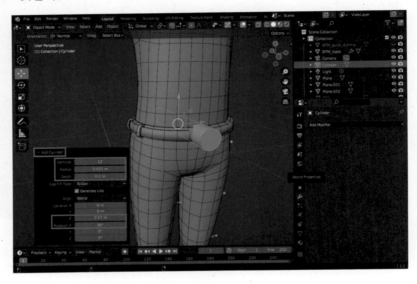

37) Scale을 이용해서 아래 이미지와 같이 두께를 수정한 후에 버클을 선택하고 아래 이미지와 같이 적당한 위치로 이동한다.

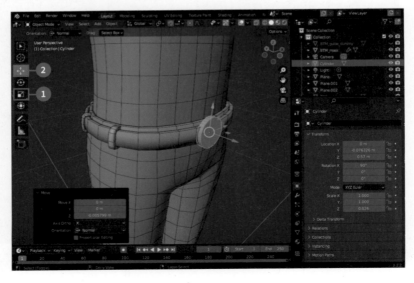

38) Scale을 이용해서 아래 이미지와 같이 버클을 타원 형태로 만들어 준다.

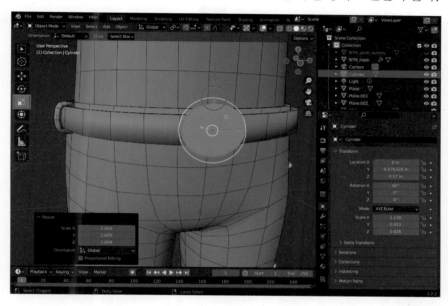

39) 벨트 고리를 복사 붙여넣기 하여 아래 이미지와 같이 버클과 벨트 고리의 간격을 고려하여 이동하고 회전하여 배치한다.

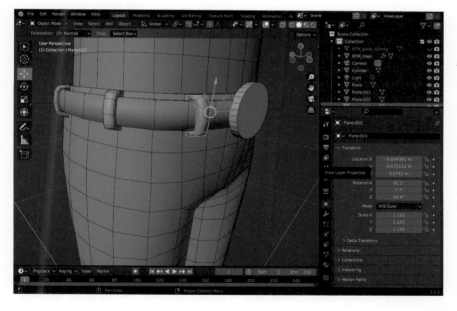

40) ❶ Outliner → zepeto_creatorBaseSet의 mask를 숨겨 주면 아래와 같이 하의만 보이게 된다. ❷ 하의 오브젝트를 선택 → RMB → Convert to → Mesh 하여 Mesh로 전환한다.

[참고: 위의 벨트를 Convert to Mesh를 하면 기존 하의 Mesh가 하나 더 늘어날 것이 다. 지금은 넘어가고 뒤에서 오류를 점검하기로 하자.]

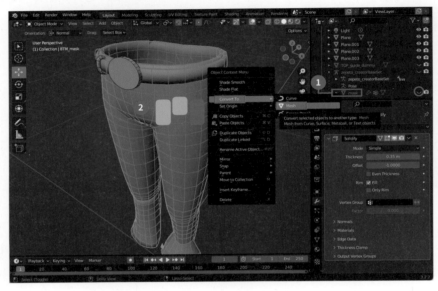

41) Overlays → Statistics를 체크하여 데이터의 크기를 확인한다.

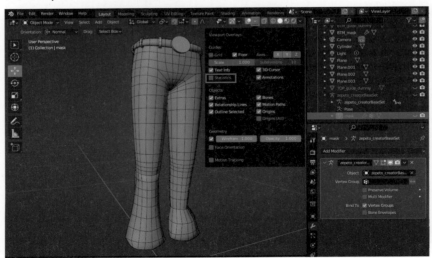

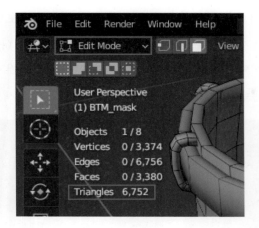

42) Triangles가 6,752로 표시되어 있다. 최대 Tris를 5,000에 제한하고 있는 것에 비하면 1,752나 초과한다. 원래대로라면 3,684Tris가 나와야 정상이다. (정확하게 3,684Tris가 나오지 않아도 된다. 비슷하게 나와도 무방하다.) 그렇다면 작업 도중 복사 붙여넣기 과정에서 추가적으로 생성되었을 수도 있다. 만약 자신이 3,684Tris 정도이면 아래 참고는 무시해도 된다. 하지만 기준치를 넘어가는 Tris라면 아래 참고를 보고 수정하도록 하자. 수정은 매우 간단하다.

[당부: 모델링이 어느 정도(여기까지) 마무리되면 아래 점검(참고) 세 가지는 꼭 수행하고 넘어가기를 추천한다.]

[참고: 작업을 하다 보면 컨버팅(Convert To Mesh) 오류로 필요치 않은 Mesh가 보이지 않는 부분에 생성될 수도 있다. 아래 세 가지를 통해서 점검해 보도록 하자]

1) Edit Mode →하의 오브젝트에 커서를 올려놓고 "L" 키로 모드 선택 → "X" → Faces 하여 삭제하면 겹쳐져 있는 부분은 삭제되고 아래 이미지처럼 나머지가 드러나게 된다. 만약 아무것도 보이지 않는다면 Ctrl + Z 하여 원래대로 되돌려 놓는다. 애초에 문제가 없었던 파일이기 때문이다. 벨트, 벨트 고리, 버클 등 다른 오브젝트 들도 점검한다.

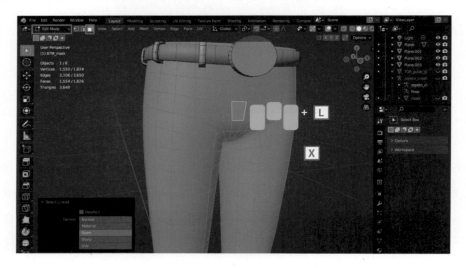

2) Edit Mode → Face Mode → Select → Select All by Trait → Interior Faces 하여 안쪽에 겹쳐 있는 Face들을 선택할 수 있다. 아무런 변화가 없다면 문제가 없는 파일이다. 만약 노랗게 face가 선택되면 "X" → Faces 하여 삭제하도록 하자.

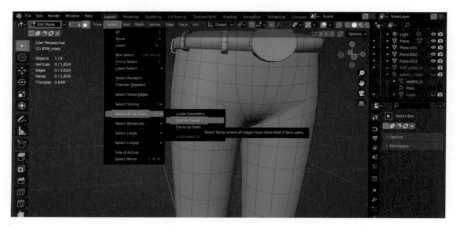

3) 마지막으로 하의 오브젝트에 커서를 올려놓고 "L" 키로 모드 선택 → Mesh → Clean Up → Merge by Distance 하여 떨어져 있는 Vertex 들을 서로 붙여 준다.

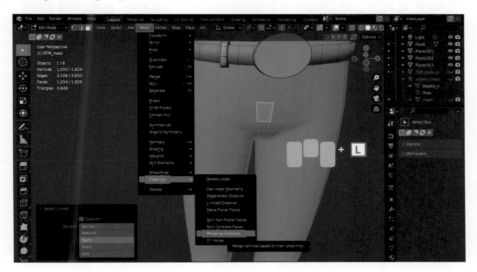

4) 지금부터는 최적화 과정으로 필요 없는 Mesh는 삭제할 것이다. 아래 이미지와 같이 하의의 안쪽 Mesh를 다중 선택 → "X" → Faces 하여 삭제한다.

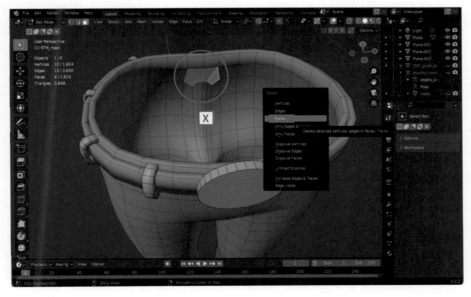

5) Ring 선택(Alt + LMB) → "X" → Faces 하여 삭제한다.

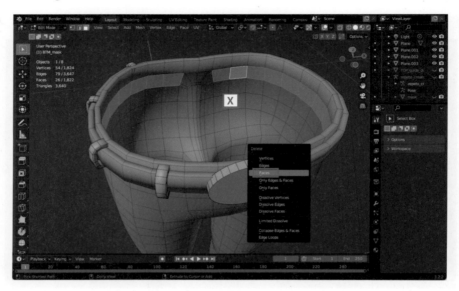

6) 하의 아랫 부분 안쪽(캐릭터 기준 오른쪽)도 loop 선택(Alt + LMB) → "X" → Faces 하여 삭제한다. (좌측 안쪽을 삭제한다.)

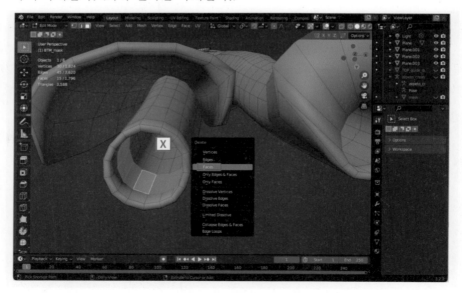

7) 아래와 같이 캐릭터 기준 중앙 왼쪽(바깥 부분)도 loop 선택(Alt + LMB) → "X" → Faces 하여 삭제한다.

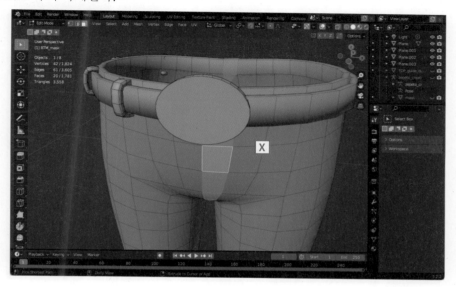

8) 아래와 같이 캐릭터 기준 중앙 왼쪽(안쪽 부분)도 Ring 선택(Alt + LMB) → "X" → Faces 하여 삭제한다.

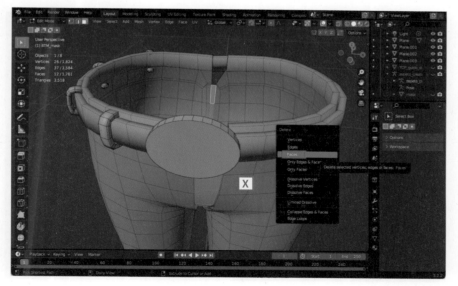

9) 하의 왼쪽 오브젝트에 커서를 올려놓고 "L" 키로 모드 선택 → "X" → Faces 하여 삭제한다. 삭제 후 오른쪽 오브젝트를 왼쪽에도 미러 복사할 것이다.

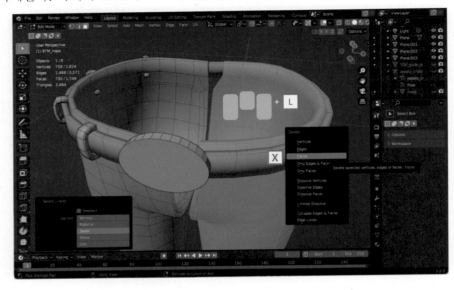

10) 하의 왼쪽의 안 부분 Mesh도 커서를 올려놓고 "L" 키로 모드 선택 → "X" → Faces 하여 삭제한다.

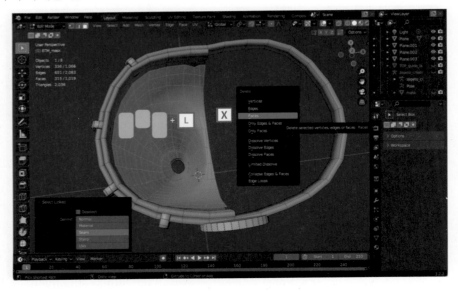

11) Object Mode에서 하의 오브젝트를 ① 선택하고 ② Add Modifier → ③ Mirror 한다. ④ Clipping을 체크하여 중앙 부분이 벌어져서 문제가 생기지 않도록 한다.

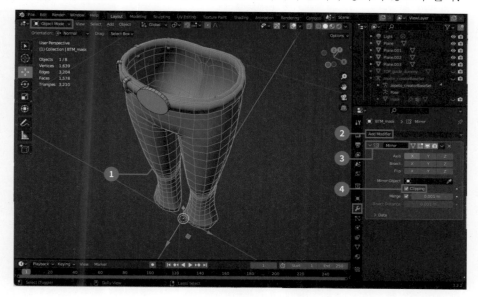

12) 벨트 고리들을 다중 선택하여 RMB → Join 한다. 다음 위에서처럼 Mirror 복사를 할 것이다.

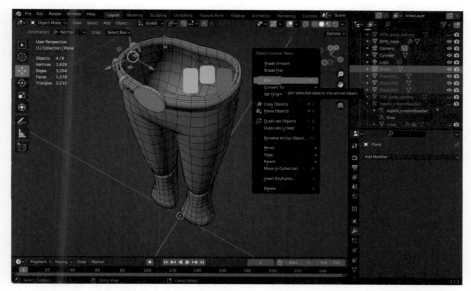

13) Object Mode에서 벨트 고리 오브젝트를 ❶ 선택하고 Add Modifier → ❷ Mirror 하고 나서 ❸ Mirror Object(기준점)을 Cylinder로 설정한다.

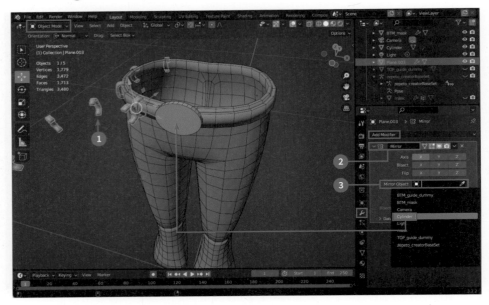

14) 그러면 중심을 기준으로 반대편에도 원활하게 복사된다.

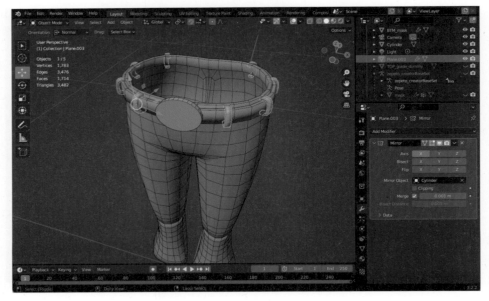

[참고: 위의 Mirror 작업 시 Mirror Object → Cylinder를 선택한 이유는 아래와 같이 버클(Cylinder) 중심에 Pivot Point가 있고 Pivot Point가 중심에 위치해 있기 때문에 정확한 위치에 Mirror가 가능한 것이다.]

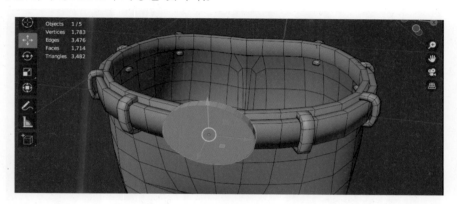

15) 이번에는 뒷주머니 부분을 표현해 볼 것이다. Object Mode → 하의 선택 → Edit Mode → Face Mode → 아래와 같이 ❶ Face 선택 → ❷ Extrude Region을 선택(캐릭터의 오른쪽 부분) 하고, 아래 ❸ "+" 키를 잡고 돌출하거나 Extrude Region and Move 창에서 z값을 아래와 같이 변경한다. ❹ 반대편에도 뒷주머니가 생성된다.

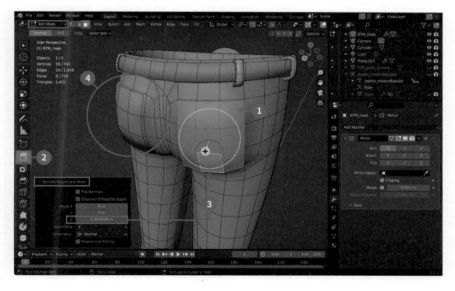

16) Select Box(단축키 "W") → Vertex Mode에서 → Move → ❶ Vertex LMB → "G" ×
2(G키를 두 번 누름)하여 Edge를 타고 아래 이미지와 같이 우측으로 한 번, 위로 한 번, 총
두 번 이동한다.

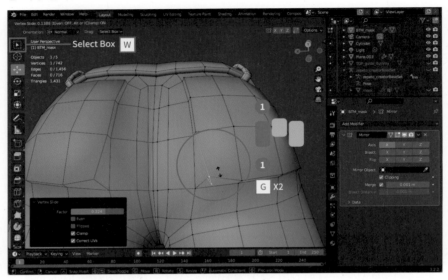

17) 아래와 같이 Vertex를 위로 Gizmo Z로 약간 움직여 두께감이 있도록 한다.

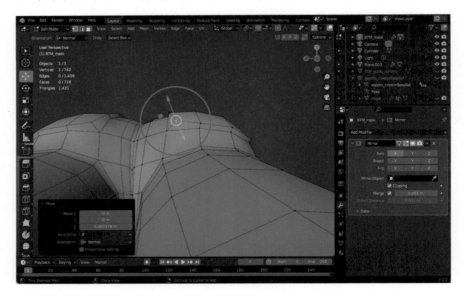

18) 바깥쪽 부분도 Vertex Mode에서 → Move → Vertex LMB → "G" × 2(G 키를 두 번 누름)하여 Edge를 타고 아래 이미지와 같이 우측으로 한 번, 위로 한 번, 총 두 번 이동하고 ① Move → ② Gizom Y로 이동하여 아래와 같이 두께감이 있도록 한다.

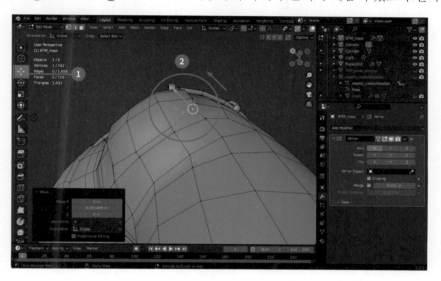

19) 벨트의 뒷부분 중앙이 캐릭터의 흐름을 따라 안쪽으로 들어가 있다. 벨트가 자연스럽게 보이게 하기 위해 Edge Mode → loop 선택하여 뒤(Gizmo Y)로 약간 이동한다.

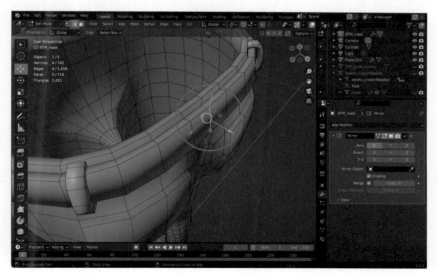

20) 하의 부분도 위와 같은 방식으로 Vertex Mode에서 아래 이미지처럼 2개의 Vertex를 선택한 후, 바깥(Gizmo G(Y) 방향)으로 조금 이동한다.

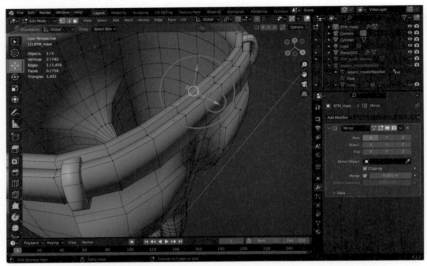

21) Edge Mode → 캐릭터의 오른쪽 부분 ❶ 하단 안쪽의 Edge를 loop 선택(Alt + LMB) → ❷ Scale → Edge가 안쪽으로 모이게 조절한다. [주의: 이 과정을 반드시 해야 하는 이유는 상의 안쪽으로 Skin이 보이게 되면 승인 거절 사유가 되기 때문이다.]

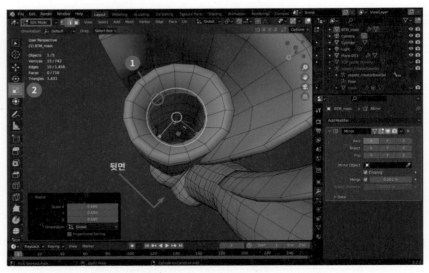

22) Object Mode에서 하의를 선택하고 RMB → Convert To → Mesh 한다. 우측
Mirror 컴포넌트가 삭제되었다.

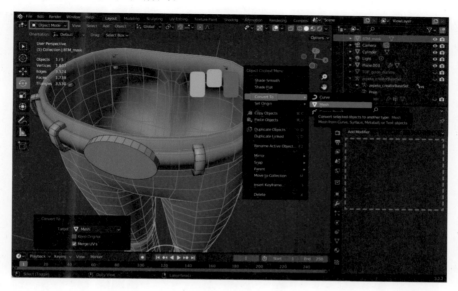

23) 같은 방식으로 Object Mode에서 벨트 고리를 선택하고 RMB → Convert To →
Mesh 한다.

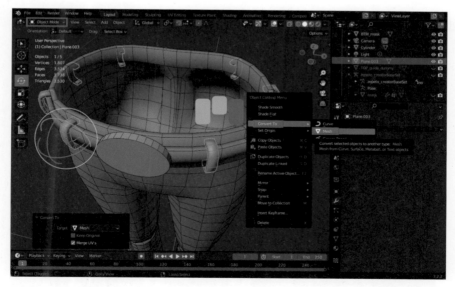

24) Object Mode → 하의 선택 → Edit Mode한 후에 ❶ 캐릭터의 중앙 안쪽의 Edge 를 loop 선택(Alt + LMB) → ❷ Scale → ❸ Edge가 안쪽으로 모이게 조절한다. [주의: 이 과정을 반드시 해야 하는 이유는 상의 안쪽으로 Skin이 보이게 되면 승인 거절 사유 가 되기 때문이다.]

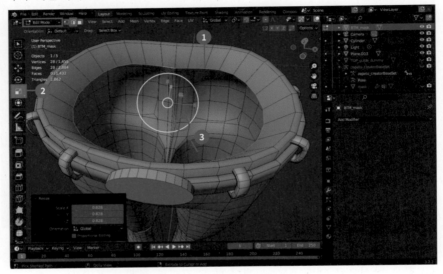

25) ❶ Object Mode에서 버클, 하의, 벨트, 벨트 고리 등 모든 오브젝트를 다중 선택 한 후 ❷ RMB → Join 한다.

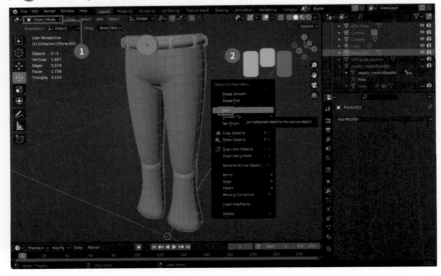

26) Join 한 오브젝트를 Outliner에서 BTM_Jessie로 이름을 바꾼다. (더블클릭하면 이름을 바꿀 수 있다.)

BTM_guide_dummy, Camera, Light, TOP_guide_dummy를 "X"하여 삭제한다.

BTM_Jessie, zepeto_creatorBaseSet만 놔둘 것이다.

27) UV Editing Mode로 다시 돌아온다.

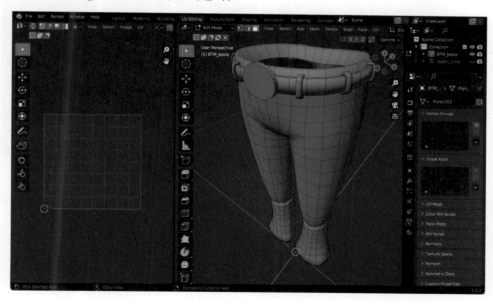

2. BTM UV Mapping

2-1　**Mark Seam을 이용한 오브젝트 분리**

1) UV Editing Work Space로 전환한 후 와이어프레임 상태로 전환하여 Seam을 분리하기 원활하도록 할 것이다. Overlays → Wireframe 하여 와이어프레임을 보이게 한다. ① Edge Mode → ② loop 선택 → ③ RMB → ④ Mark Seam 하여 재단한다. [참고: RMB → Clear Seam 하여 재단을 해제할 수 있다.]

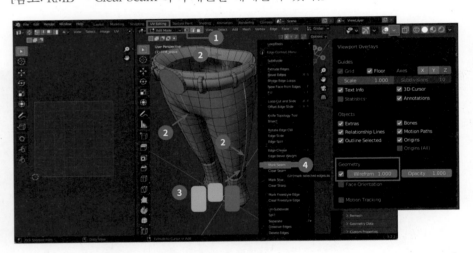

2) 버클과 벨트 고리도 아래와 같이 loop 선택 → RMB → Mark Seam 하여 재단한다.

3) 벨트 고리 Seam은 ④를 참고하여 뒤로 돌아가는 다른 벨트 고리들도 유사한 위치에 Seam을 하면 된다.

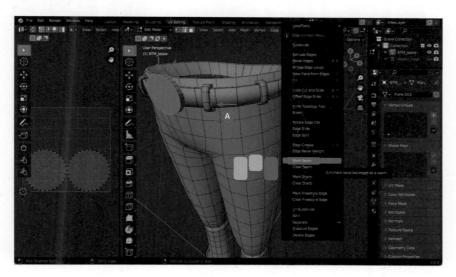

4) Edit Mode → Face Mode → 벨트 고리의 하의 안쪽에 위치한 필요 없는 사각 Mesh를 일일이 선택하여 삭제한다. 벨트 고리가 총 8개이니 좌우 16개의 Mesh를 삭제하면 된다.

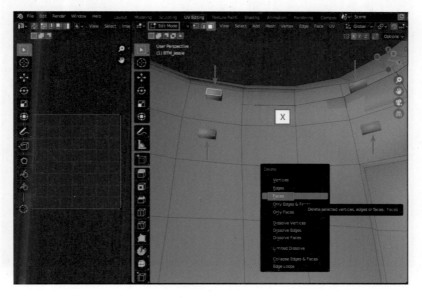

5) 이번에는 좌측 뒷주머니 Edge를 다중 선택하고 Mark Seam 한다. **다시 강조하지만 Edge 선택이 끊어지지 않아야 한다.**

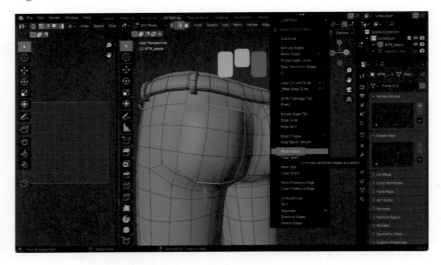

6) 하의 안쪽 부분도 아래 이미지와 같이 Edge를 loop 선택하고 → RMB → Mark Seam 한다.

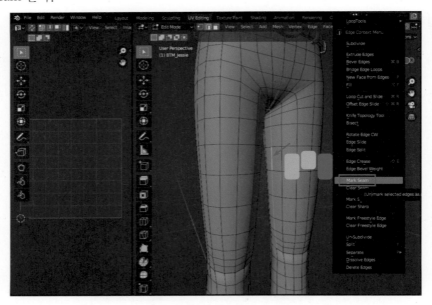

7) Leg 부분도 연결이 끊어지지 않게 Edge를 선택하고 → RMB → Mark Seam 한다.

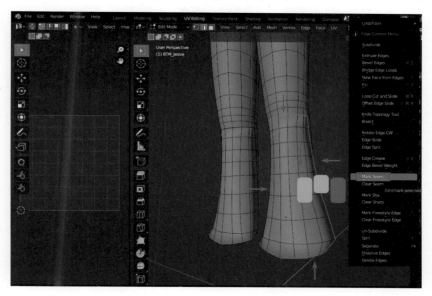

8) 안쪽도 Edge를 선택하고 → RMB → Mark Seam 한다. 여기서 무릎 부분이 겹쳐 있어서 선택이 어려울 것이다.

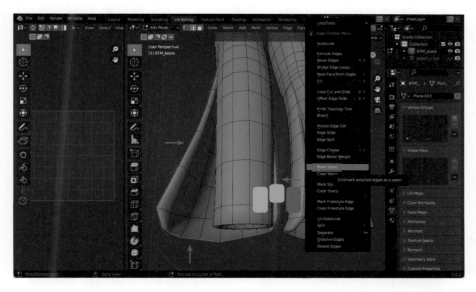

9) 선택이 어려운 부분(무릎 안쪽)은 Ctrl + Wheel을 통해 zoom in 하여 꼼꼼하게 선택하여 → RMB → Mark Seam 해야 한다.

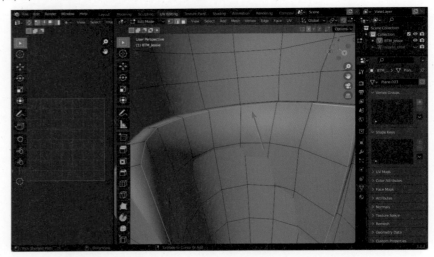

10) 마지막으로 버클 부분 Edge를 선택하고 → RMB → Mark Seam 한다.

[참고: Mark Seam 작업의 원리는 전개도를 펼치는 작업과 같다. 예를 들어 정육면체와 구를 펼쳐서 2D 형태로 만들기 위해서는 최대한 눈에 띄지 않는 부분을 절개하여 펼쳐야 하는 원리와 같다.]

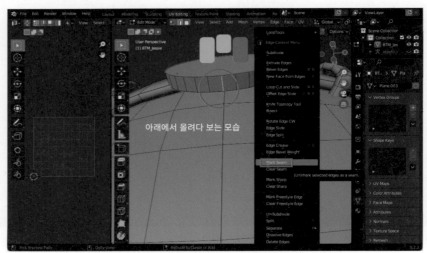

11) 이번에는 반대 부분도 대칭형 재단을 할 것이다. 우선 Seam 중 아무데나 Edge를 선택한 후 Select → Select Similar → Seam 하면 모든 Seam이 선택된다.

12) 다시 Select → Select Mirror 하면 Edge가 반대편에도 생긴다.

13) 만약 Mirror가 적용되지 않는다면 미세하게 좌우 대칭이 아닐 수 있다. 그렇다면 걱정하지 말고 시간이 소요되더라도 반대쪽도 같은 방식으로 일일이 Edge를 선택해서 진행해 보자.

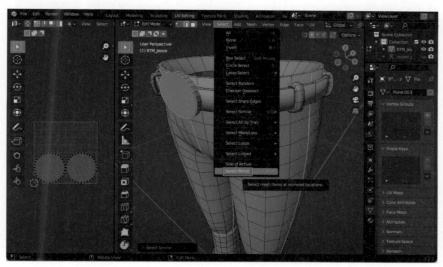

14) RMB → Mark Seam 하면 아래와 같이 Seam이 적용된다.

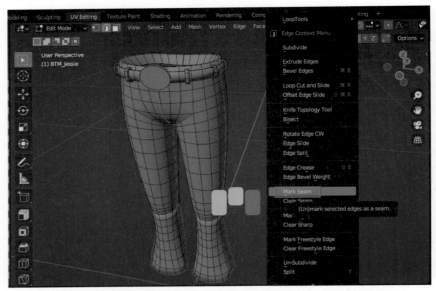

15) 추가적으로 벨트 부분도 loop 선택하여 → RMB → Mark Seam 하여 재단한다.

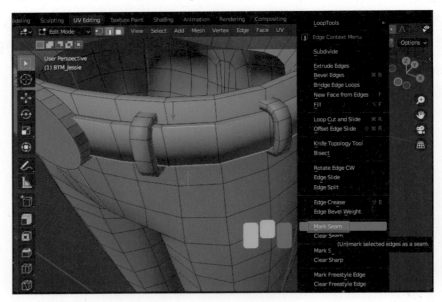

2-2 Un Wrap

1) "A" 하여 모드를 선택한다. 그러면 좌측에 펼쳐지지 않은 UV Texture 정보가 보일 것이다.(조금 다르게 보일 수 있지만 걱정하지 말고 진행하자.)

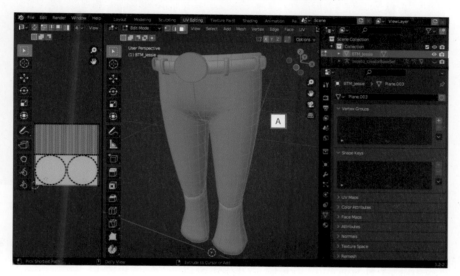

2) RMB → UV Unwrap Faces → Unwra 단축키 'U' 하면

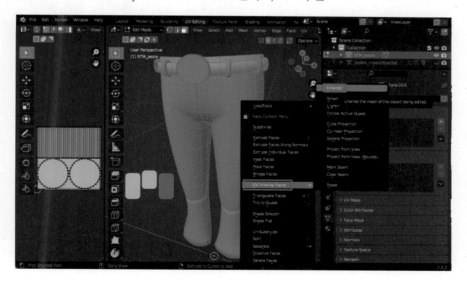

3) 아래와 같이 좌측 UV Workspace에서 Unwrap 된 UV Texture가 보일 것이다.

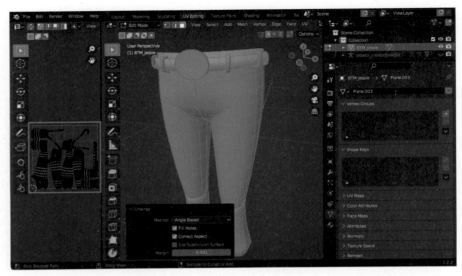

4) 다음은 체커 마테리얼을 적용해 텍스처가 적용됐을 때 최대한 왜곡을 피하도록 할 것이다. 우선 Shading Mode로 들어가서 하의를 Zoom In 한다.

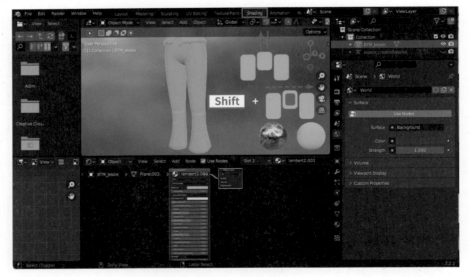

5) Add → Texture → Image Texture 하여 Image Texture 컴포넌트를 하나 추가하고, New → Checker → UV Grid → OK 하여 완성한다.

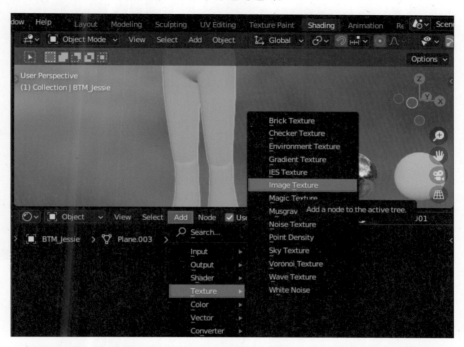

6) 아래와 같이 LMB + Drag로 노드를 연결하면 하의에 체커가 보이게 된다.

7) 우측  Ⓐ Material을 더블클릭하고 Material 이름을 BTM_shd로 바꾸고 Enter한다. (_shd는 필수)

8) 다음 UV Editing Mode로 돌아오면 아래와 같이 좌측 UV Editing Work Space에 체커가 보인다. 만약 아래와 같이 체커가 보이지 않는다면 Browse Image to Linked에서 Checker 선택되어 있는지 확인한다.

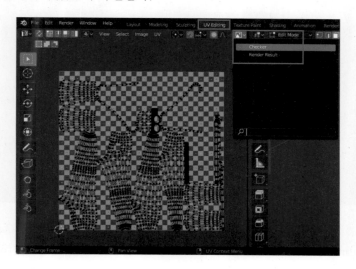

9) 우측 View Editor(Viewprot)에서도 체커가 보일 수 있도록 Viewport Shading/ Material Preview를 한다.

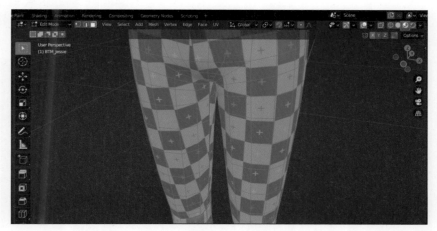

10) 최종적으로 아래의 이미지와 같이 양쪽 모두 체커가 보인다면 체커 마테리얼 표시는 성공한 것이다.

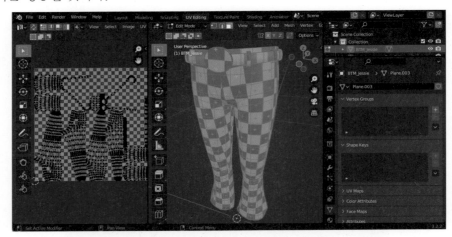

11) Texture 작업 시 채색을 용이하게 할 수 있도록 UV 이미지를 회전하고 이동할 것이다. 우측에서 "A"로 모드를 선택하고 좌측 원하는 오브젝트 위에 마우스를 놓고 "L" 키를 치면 그에 맞는 UV 정보가 보이게 된다. 우선 회전 명령을 실행해 보자. **❶** Rotate → 하얀 원을 드래그하여 회전하면서 Ctrl 키를 사용하면 Snap이 되면서 90도로 회전이 가능하다. **❶** Move → 이동하여 적당한 공간을 겹치지 않게 찾아 배치한다.

[주의: 선택하고 회전 시 다른 부분이 선택되지 않도록 주의한다.]

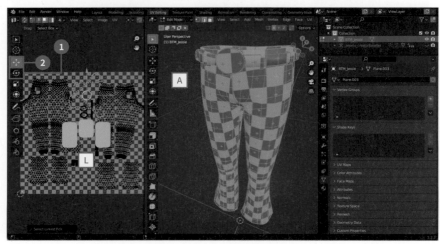

12) UV를 직각으로 펼치는 방법에 대해 알아보자. 먼저 ① 서로 이웃하는 Vertex 2개를 선택한 후 → RMB → Align Auto 하면 아래와 같이 수평(또는 수직)으로 정렬된다.

② 이런 방식으로 사방을 정렬하여 직사각형을 만든 후 ③ Vertex 4개 또는 Face 1개를 선택하여 → RMB → Follow Active Quads 하면 최초의 직사각형을 따라서 정렬된다.

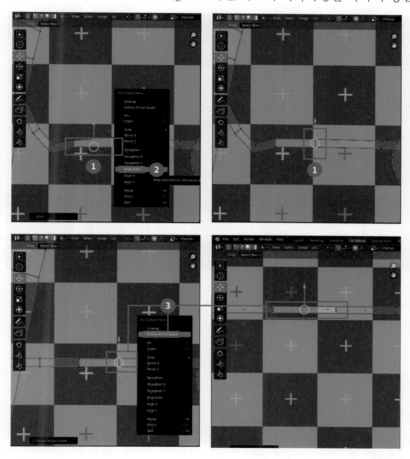

13) 다음은 최종적으로 완료된 UV이며 최대한 주어진 공간을 활용하여 아래와 유사하게 작업해 보기 바란다. 완료되면 좌측에서 "A" 키로 모드 선택 → UV → ❶ Pack Islands →Margin 0.02 → Rotate 해제 → UV → ❷ Export UV Layout 하여 UV mapping 파일을 'Jessie_BTM.png'로 저장한다.

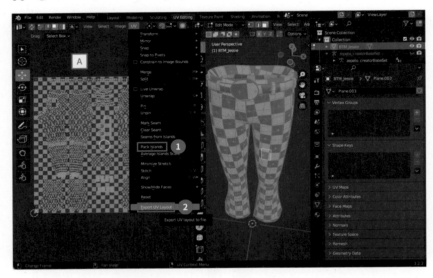

14) 다음 좌측은 블렌더에서 완료된 UV 정보이고, 우측은 Texture 작업에 필요한 .png 이미지이다.

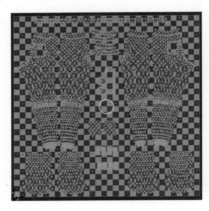
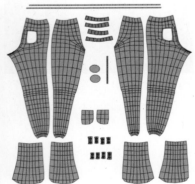

3. BTM Rigging & Skinning

1) 모델링을 하다 보면 간혹 캐릭터(creatorBaseSet_zepeto) 파일이 손상이 되거나 문제가 발생할 수도 있다. 따라서 이에 대한 대응으로 UV가 완성된 하의 오브젝트를 fbx 파일로 저장해서 creatorBaseSet_zepeto 파일과 같이 새로운 Blender 파일에서 새롭게 불러와서 작업하는 것을 추천한다.

2) Object Mode → Outliner에서 BTM_Jessie 선택 → File → Export ← FBX(.fbx) 한다.

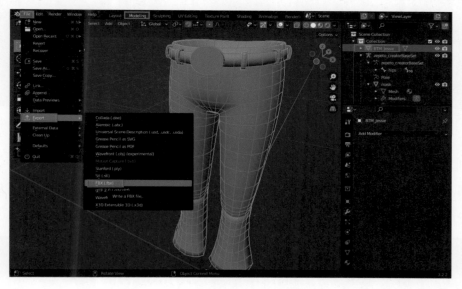

3) 선택된 것만 저장할 것이기 때문에 Selected Objects에 체크하고 나머지는 아래와 같이 선택하고 Export FBX 한다. 파일 이름은 BTM_UV2로 한다. (파일 이름은 중요하지 않다. 나중에 언급을 용이하게 하기 위해서 BTM_UV2로 정한 것이다.)

4) 새로운 Blender 파일을 New → General 하여 열고 정육면체 큐브를 삭제한다.

이제 creatorBaseSet_zepeto 파일과 위에서 저장한 BTM_UV2 파일을 하나하나 불러오기할 것이다. File → Import → FBX(.fbx) 한다.

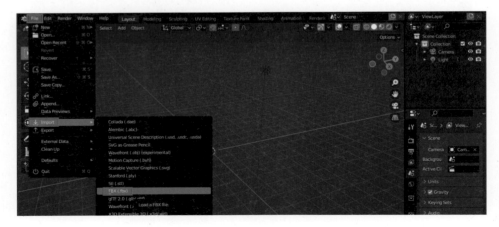

5) creatorBaseSet_zepeto을 선택하고 Import FBX 한다.

6) File → Import → FBX(.fbx) 한다.

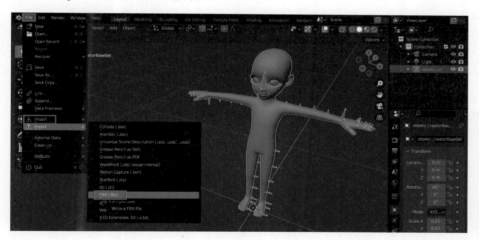

7) 위에서 저장한 BTM_UV2를 찾아서 선택하고 다시 한번 Import FBX 한다.

8) 불러오기가 완성이 되면 아래와 같이 캐릭터와 하의가 보일 것이다. View Overlays →
Geometry → Wireframe을 체크하여 와이어프레임이 보이게 한다.

9) Outliner에서 불필요한 Camera, Light를 선택하여 'X' 키로 삭제한다. 이제 준비 과정은
마쳤다. 본격적으로 Rigging 과정을 진행해 보기로 하자.

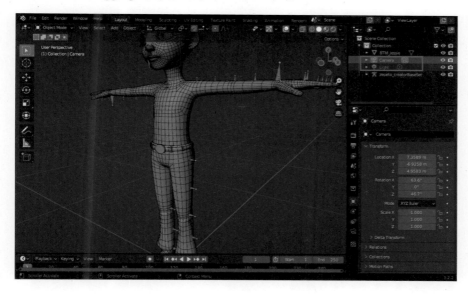

10) Object Mode에서 **1** Joint를 선택하고 **2** Object Data Properties → Viewport
Display → In Front를 체크하면 Joint들이 오브젝트 위로 올라와서 작업이 용이해진다.

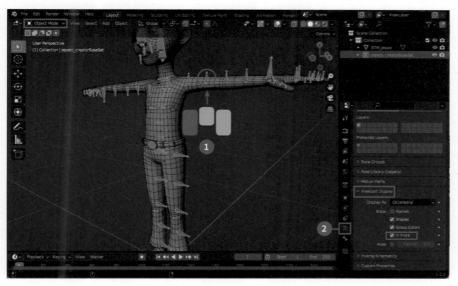

11) 이제 Joint에 상의 오브젝트를 Bidding(상의를 Joint에 할당) 할 것이다. 우선 Object Mode → Outliner에서 **하의(BTM_Jessie)를 선택하고 Ctrl + zepeto_creatorBaseset 레이어를 선택**한다.(선택 순서 중료) 다음 Ctrl + P → With Automatic Weights 하면

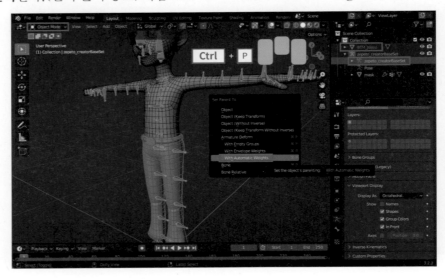

12) Out liner에서 BTM_Jessie(하의) 객체가 zepeto_creatorBaseset 레이어의 자식 객체로 포함되게 된다.

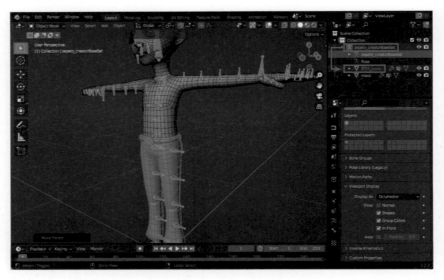

13) ❶ Joint를 선택 → ❷ Pose Mode → 아래 이미지와 같이 ❸ 고관절 Joint를 선택 (LMB × 2)하고 → ❹ Rotate → ❺ Gizmo X 회전해 보면 옷이 Joint와 같이 회전하면 성공 이다. (지금은 Ⓐ 아래와 같이 Mesh가 이상하게 보일 것이다. 단순 Auto Skinning이 완료된 것이다. 하지만 Auto Skinning인 만큼 오류도 포함하고 있다. 차근차근 완성도를 높이도록 하자.) 이제 Ctrl + Z로 원상 복귀(T-Pose)한다.

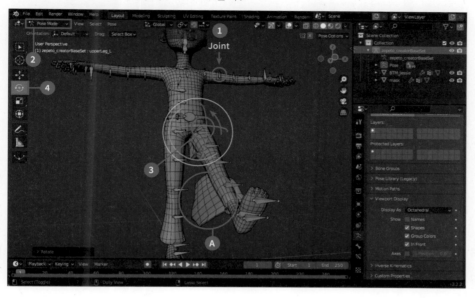

14) ① Object Mode → Outliner에서 ② Joint(Zepeto_creatBaseSet) + ③ Skin(mask) + 하의
(BTM_Jessie) 순서대로 Ctrl + LMB 선택하고 Weight Paint Mode를 선택한다. **(선택 순서 중요)**

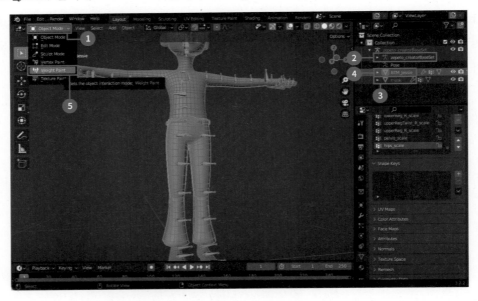

15) Weights → Transfer Weights 한 후(mask의 Weights 값을 하의(BTM_Jessie)에 복사 붙
여넣기 하는 것이다.)

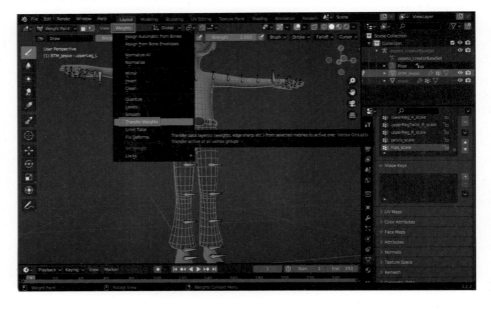

16) Transfer Mesh Data → Source Layers Selection → By Name으로 교체한다.

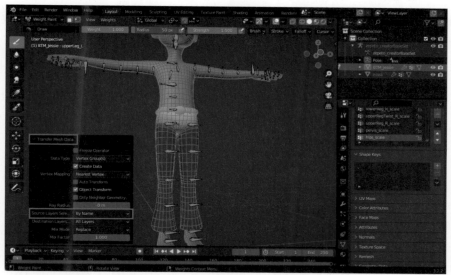

17) ① Move 상태에서 아래와 같이 ② 고관절 조인트를 선택해 보자. 한 번 선택할 때와 두 번째 선택할 때 조인트 주변의 Mesh 색상이 다르게 보일 것이다. 색상이 연두색이 나온다는 것은 Skinning이 적용되어 있다는 의미이고 파란색은 적용이 안 되어 있다는 의미가 된다.

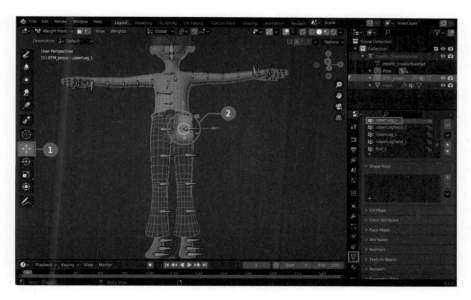

18) 아래와 같이 Skinning이 적용된 상태에서 **1** Object Data Properties를 선택하고 Vertex Groups 아래를 보면 **2** upperLeg_L이 선택될 것이다. [주의: 만약 upperLeg_L_scale 이 선택이 되었다면 Vertex Groups에서 upperLeg_L을 찾아서 선택하여도 된다.]

[참고: 좌측과 같은 상태이어야 한다. 우측에서와 같이 하의와 캐릭터가 모두 선택되어 있으면 안 된다. 만약 **A** 우측과 같이 되어 있다면 Viewport의 빈 곳을 LMB하여 선택 해제한다.]

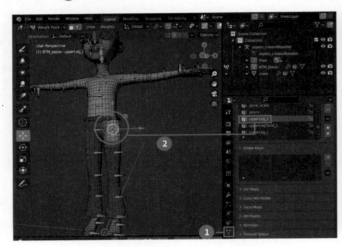
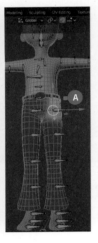

19) 키보드 Tap을 클릭하면 **1** Edit Mode → Face로 돌아오게 된다. **2** Viewport LMB 하여 선택 해제하고 나서 Face Mode → Vertex Groups 아래 **3** Select를 하면 아래 이미지와 같이 현재 적용되어 있는 weight 범위가 **4** 선택되게 된다.

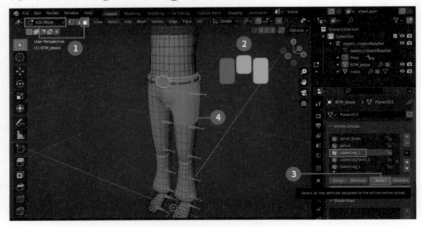

20) Vertex Groups → ❶ Remove를 하여 weight 값을 삭제하고, ❷ Viewport LMB → Vertex Groups 아래 ❸ Select를 한 번 더하면 위에서 weight가 삭제되었기 때문에 더 이상 Skin 정보가 보이지 않게 된다. 이렇게 되면 정상적으로 Weight 정보가 삭제된 것이다.

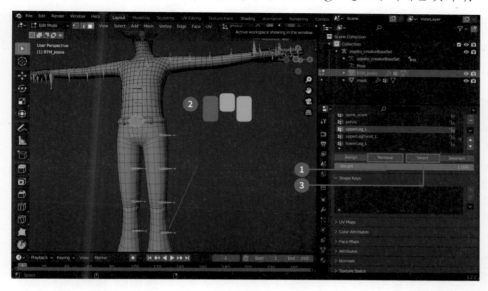

21) ① 다시 Weight Paint Mode로 돌아와서 upperLeg_L joint를 선택해 보면 아래 이미지
와 같이 weight 값이 삭제되어 파랗게 보이게 될 것이다. 나머지 Joint들도 같은 방식으로
Weight 값을 삭제한다.

[**Weight가 삭제되어야 할 Joint 이름:** spine, hips, pelvis, upperLeg_R, upperLegTwist_R,
lowerLeg_R, lowerLegTwist_R, toes_R, upperLeg_L, upperLegTwist_L, lowerLeg_L,
lowerLegTwist_L, toes_L]

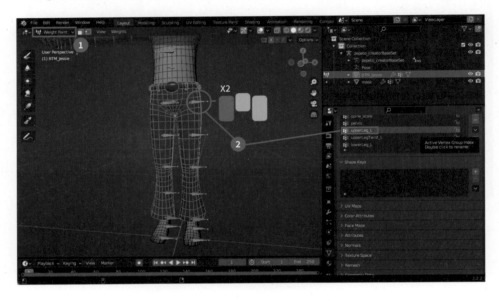

[**주의: _scale이 이름에 포함된 Joint는 절대 편집하지 말아야 한다. 신체 타입 변경 오류와
완성도가 떨어지므로 심사가 거절될 수 있다.**]

22) Object Mode → Joint 선택 → **①** Pose Mode에서 아래와 같이 Joint(upperLeg_L, upperLegTwist_L)를 **②** Gizmo X로 회전해 본다. **[주의: Joint를 처음 클릭하면 scale Joint 이고 두 번째 클릭하면 편집 가능한 조인트이다. 우리는 두 번째 Joint를 회전하여야 한다.]** T-Pose로 돌아가려면 **해당 Joint를 선택된 상태에서** Alt + 'R'(Bind Pose로 되돌리기) 한다.

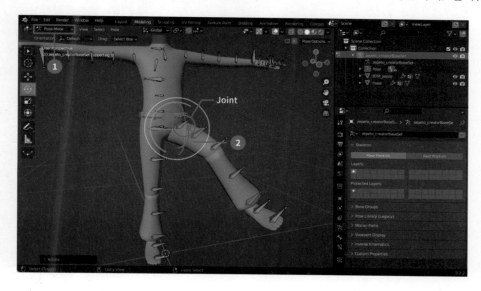

4. BTM Masking

1) ❶ Object Mode에서 ❷ mask를 선택하고 ❸ Vertex Paint 모드로 전환한다. Masking 작업을 실시할 것이다.

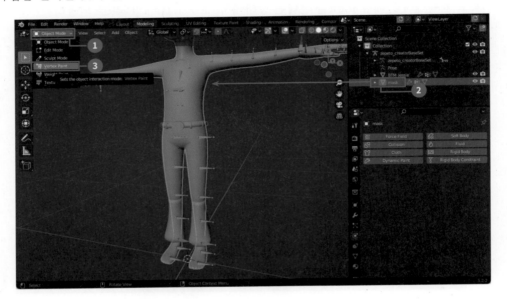

2) ❶ Outliner → BTM_Jessie를 선택하여 숨기기 한 후, 슬라이드 메뉴에서 ❷ Tool을 선택한다.(단축키 N 사용) ❸ Picker의 컬러 슬라이드를 검은색으로 완전히 내려 준 다음, ❹ 브러시 상태에서 ❺ Radios(브러시 크기) 값과 Strength(브러시 강도) 값을 조절하여 상의와 겹치는 부분을 칠한다. 상의(BTM_Jessie)를 보이게/안 보이게 하면서 칠을 하고 검은색이 상의 바깥으로 보여서는 안 된다. 검은색으로 칠한 부분은 투명하게 되니 상의 바깥으로 칠을 하면 피부가 투명하게 보일 것이다. 실수로 검은색이 상의 바깥으로 보인다면 Color Picker의 슬라이드를 하얀색으로 완전히 올려서 칠을 하면 된다.

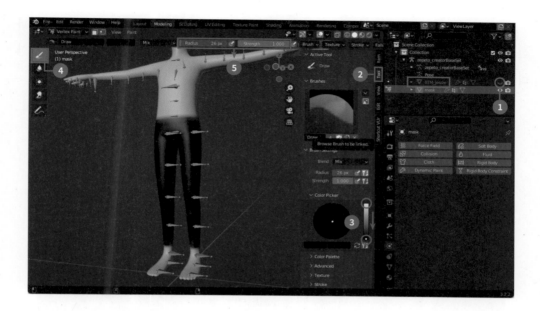

3) Vertex Paint가 완료된 상태 후 ① 하의가 보이게 하면 아래와 같이 보여야 한다.

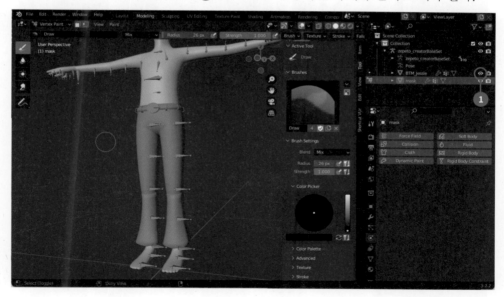

4) 제페토에서는 Joint의 개수는 총 100개까지만 허용한다. 따라서 현재의 Joint 개수를 파악하기 위해서 Object Mode → Joint 선택 → Pose Mode → Overlays → Statistics를 체크한다. 그림 좌측에 Bones 0/104, 즉 총 104개 중에 0개가 선택되어 있다는 뜻이다.

5) Edit Mode에서 양쪽 끝에 있는 조인트를 선택 → 'X' 하여 삭제한다.

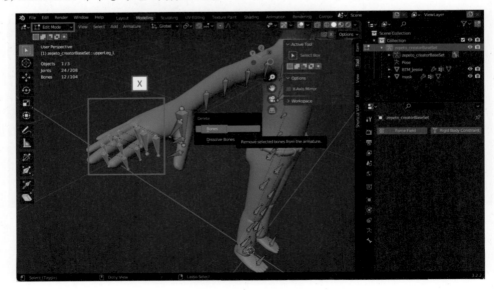

6) 아래 이미지는 손 부분 Joint를 삭제한 이미지이다. Bone 개수가 80개이므로 안정적이다.

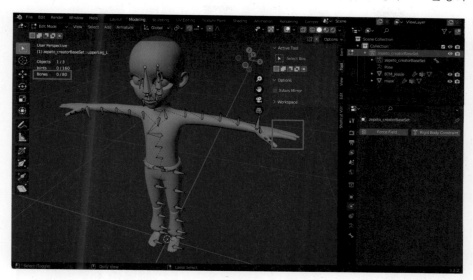

[참고: 만약 삭제하지 않는다면 제페토 스튜디오에 심사 제출 시 아래와 같이 경고 문구가 보일 것이다.]

7) ① Object Mode에서 ② 캐릭터(mask)를 선택하고 ③ Modifier Properties → ④ Vertex Groups를 체크 해제한다. mask에 연결된 Joint를 분리하기 위해서 하는 것이다.

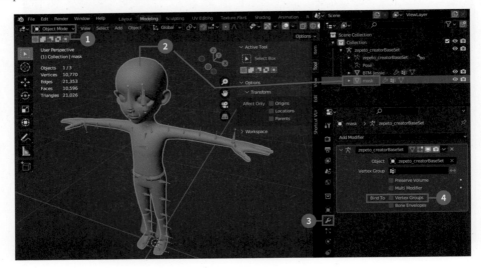

8) Joint 선택 → Pose Mode로 전환하고 나서 고관절 joint(upperLeg_L)를 회전해 본다.

[참고: Pose Mode로 전환 시 Pose Mode가 안 보이는 문제가 있다면 Joint를 선택하고 나면 보일 것이다. 그리고 Joint를 선택하고 회전할 때 Joint와 Joint 사이에 점선이 보이는 상태가 되면 아래 이미지와 같이 회전된다.] 확인이 되었으면 Ctrl + Z 하여 원래대로 되돌려 놓는다. Alt + 'R'(Bind Pose로 되돌리기) 해도 같은 효과가 있다.

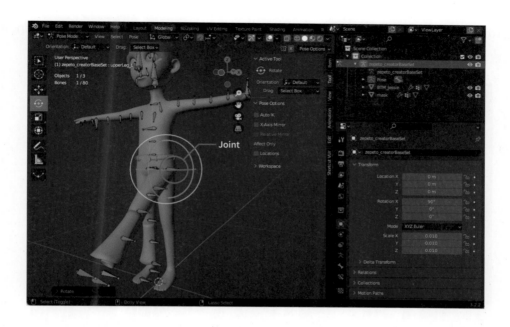

9) 마지막으로 Object Mode ❶ Outliner에서 zepeto_creatBaseSet, BTM_Jessie, mask 파일을 순서 상관없이 Ctrl + LMB 선택하여 File → Export → FBX(.fbx) 파일로 저장한다.

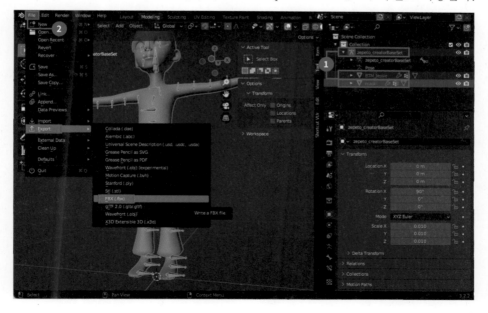

10) 저장 시 선택된 오브젝트만 저장될 수 있도록 Selected Objects를 체크하고 Export FBX 한다. 파일 이름은 BTM_JessieRigCom.fbx로 하자.

5. BTM Texturing

1) Pixlr 이미지 편집 툴을 열고 앞에서 저장했던 파일 Jessie_BTM.png를 찾아서 Drag & Drop 하여 아래와 같이 준비를 마친다.

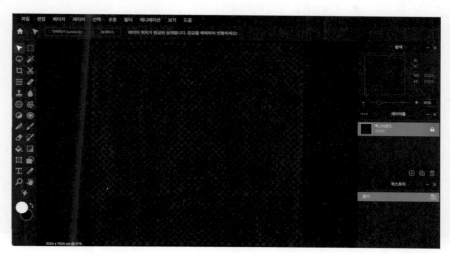

2) '+' → 이미지로 새로운 레이어를 생성하고 나서 Pixabay에서 다운로드한 무료 이미지 파일을 이미지로 불러오기 한다. 같은 이미지가 아니어도 되고 선호도에 따라 달라져도 상관없다.

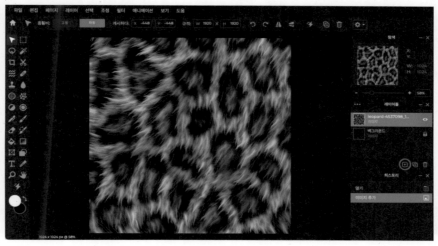

3) leopard... 레이어를 선택하고 RMB → 블랜드 모드 → 오버레이를 하여 아래 UV 정보가 투영되도록 하고 X를 하여 닫아 준다.

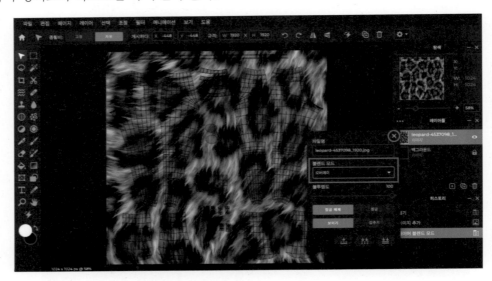

4) leopard 이미지를 선택 → 크기를 조절하여 아래 이미지와 같이 Leg 부분에 적용되도록 이동한다.

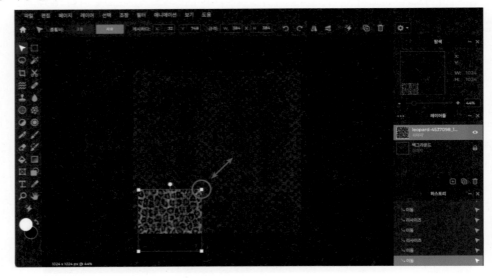

5) Alt + LMB Drag 복사한다.

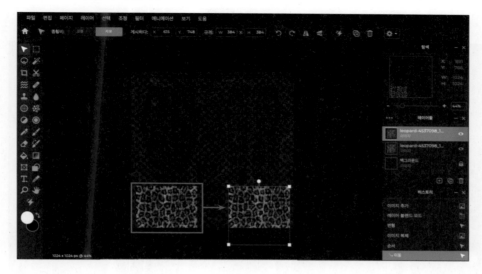

6) 아래와 같이 올가미 툴(다각형 타입)을 이용하여 Path 작업을 실시한다.

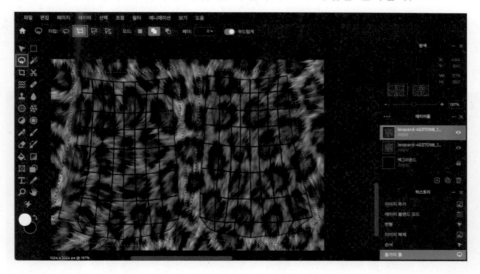

7) **1** 레이어를 전환하고 Ctrl + Shift + I(올가미 선택 영역을 반전) → Delete 키 하면 선택 영역 바깥은 지워지게 된다. 올가미 툴 해제는 Ctrl + D 하면 된다.

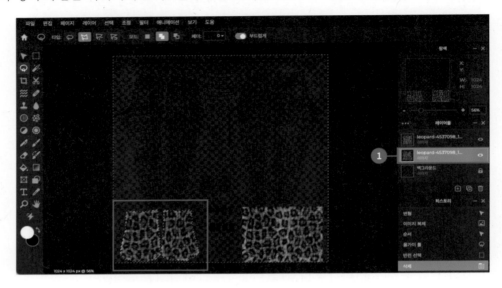

8) 같은 방법으로 오른쪽 leopard 이미지도 실시해 보자. 올가미 툴(다각형 타입)을 이용하여 Path 작업을 실시한다.

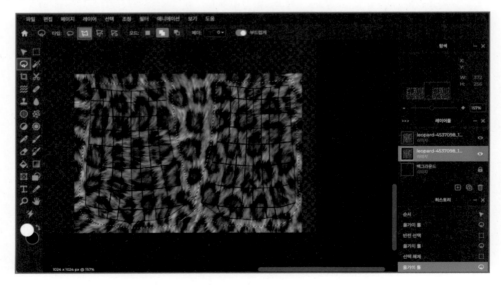

9) ① 레이어를 전환하고 Ctrl + Shift + I(올가미 선택 영역을 반전) → Delete 키 하면 선택 영역 바깥은 지워지게 된다. 올가미 툴 해제는 Ctrl + D 하면 된다.

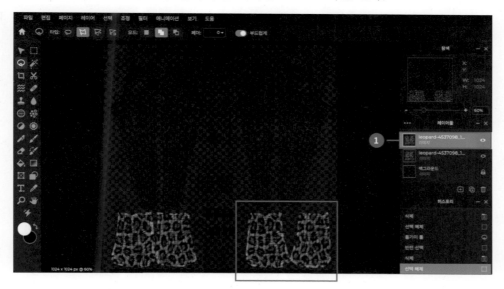

10) '+' → 이미지로 새로운 레이어를 생성하고 나서 Pixabay에서 다운로드한 Gold 무료 이미지 파일을 불러오기 한다. 버클을 만드는 데 사용할 것이다.

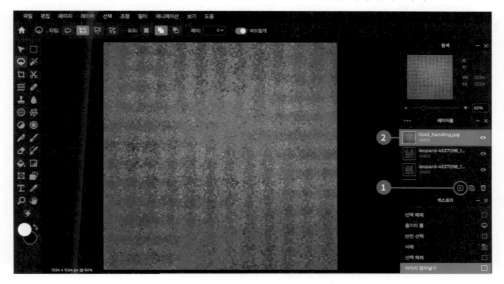

11) Gold 레이어를 선택하고 RMB → 블랜드 모드 → 오버레이를 하여 아래 UV 정보가
투영되도록 하고 X를 하여 닫아 준다.

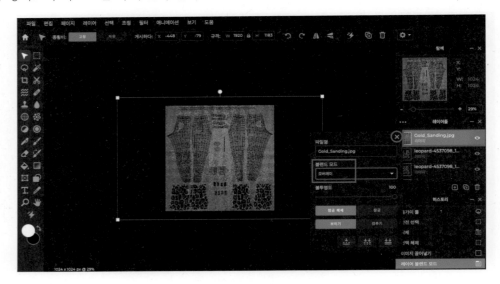

12) ❶ Gold 이미지를 선택하여 크기를 조절하여 아래 이미지와 같이 Leg 부분에 적용되
도록 이동한다.

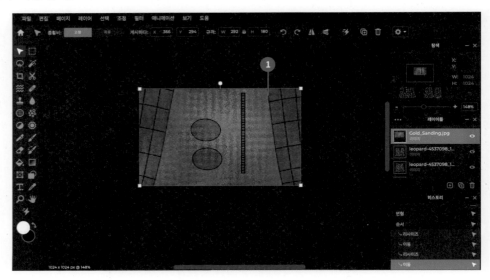

13) 올가미 툴(다각형 타입)을 이용하여 Path 작업을 실시한다.

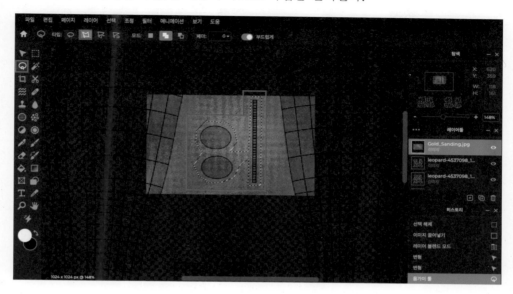

14) Ctrl + Shift + I → 올가미 선택 영역을 반전 → Delete 키 하면 선택 영역 바깥은 지워지게 된다. 올가미 툴 해제는 Ctrl + D 하면 된다.

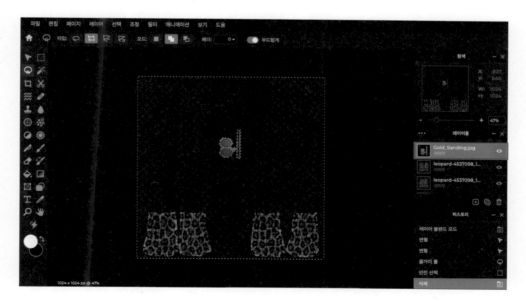

15) 다음은 가죽 벨트용 leather 이미지 파일을 추가한다.

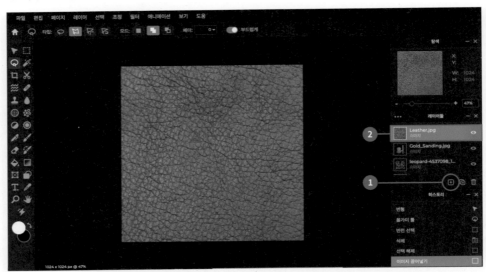

16) Leather 레이어를 선택하고 RMB → 블랜드 모드 → 오버레이를 하여 아래 UV 정보가 투영되도록 하고 X를 하여 닫아 준다.

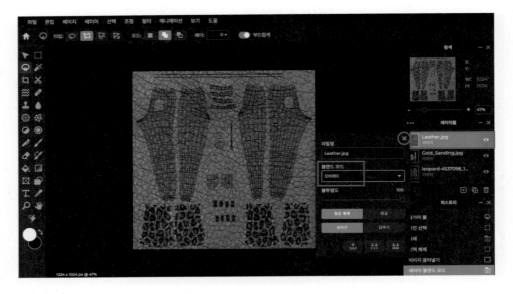

17) ① Leather 이미지를 선택하여 크기를 조절하여 아래 이미지와 같이 벨트 부분에 적용되도록 이동한다.

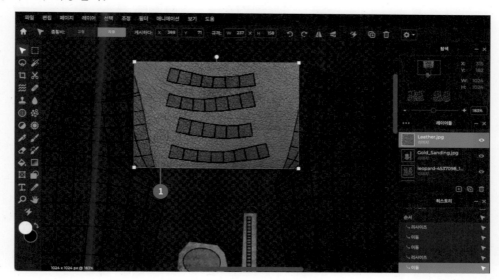

18) 올가미 툴(다각형 타입)을 이용하여 Path 작업을 실시한다.

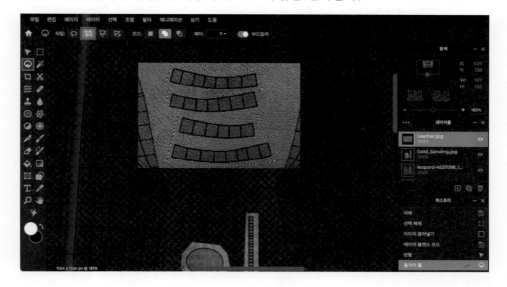

19) Ctrl + Shift + I → 올가미 선택영역을 반전 → Delete키 하면 선택영역 바같은 지워지게 된다. 올가미 툴 해제는 Ctrl + D 하면 된다.

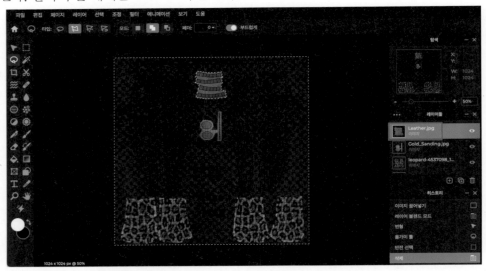

20) ❶ '+' → 이미지로 새로운 ❷ 비움 레이어를 생성하고 나서 ❸ 기본 선택으로 아래 이미지와 같이 ❹ 영역을 설정한다. ❺ 전경 색을 선택한 후 옵션 창에서 아래 이미지와 같이 ❻ 스포이드로 색을 정한 후 ❼ OK 한다.

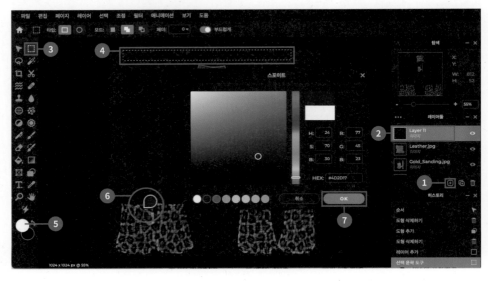

21) ① 페인트통 명령으로 사각 영역을 ② LMB하여 전경 색을 채운다. Ctrl + D 하여 영역 해제한다.

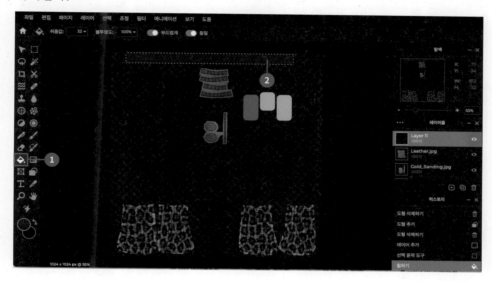

22) ① 위에서 생성한 최신 레이어를 선택하고 RMB → ① 파일명: Boundary → 블랜드 모드: 오버레이로 설정을 바꾸고 ① "X" 하여 창을 닫는다.

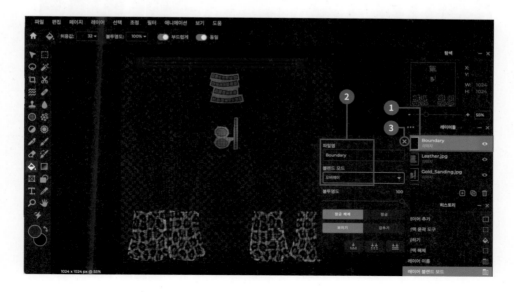

23) 이번에는 교재와 같이 제공된 DenimUV_Texture 파일을 이미지 불러오기 한다.

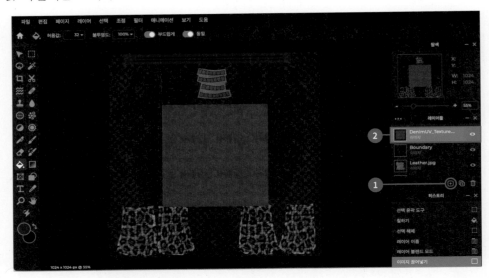

24) 위에서 생성한 레이어를 선택하고 RMB → 블랜드 모드를 오버레이로 변환하고 X 하여 닫기 한다.

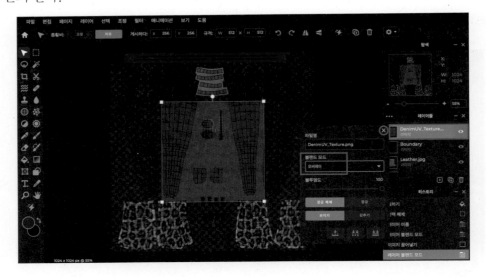

25) 이미지를 바지 부분으로 이동/크기 조절한다.

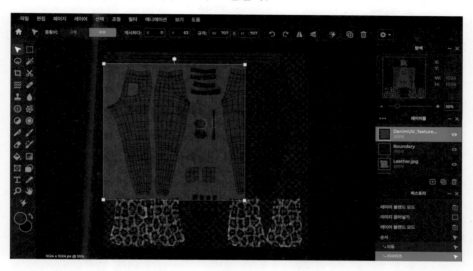

26) ① DeminUV 레이어를 Ctrl + C, Ctrl + V 복사 붙여넣기를 두 번 하여 ② ③ 두 개의 레이어를 만든다. 그리고 아래와 같이 세 개를 배치한다.

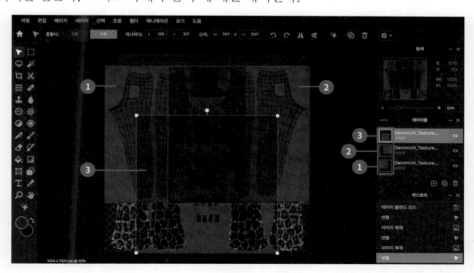

27) 먼저 좌측에 있는 Denim 레이어는 좌측 하의에 적용할 것임으로 올가미 툴로 아래 이미지처럼 Path 작업한다.

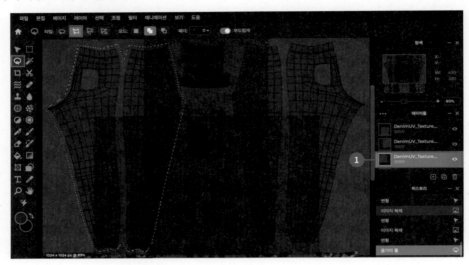

28) 올가미 선택 영역 반전(Ctrl + Shift + I)하고 Delete 키로 삭제한다.

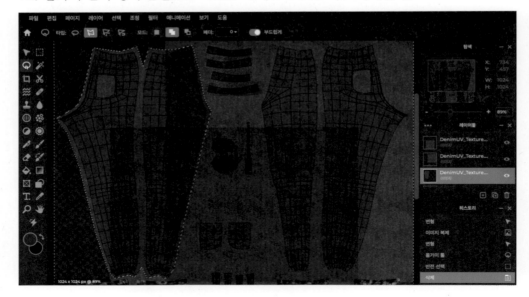

29) 우측 하의도 위와 같은 방식으로 올가미 툴로 아래 이미지처럼 Path 작업한다.

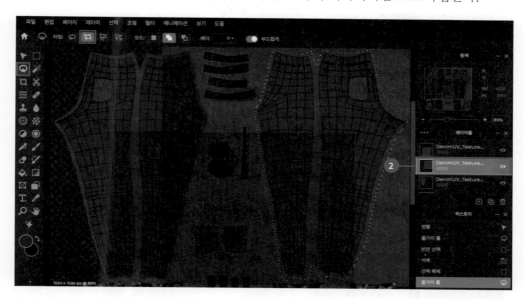

30) 올가미 선택 영역 반전(Ctrl + Shift + I)하고 Delete 키로 삭제한다.

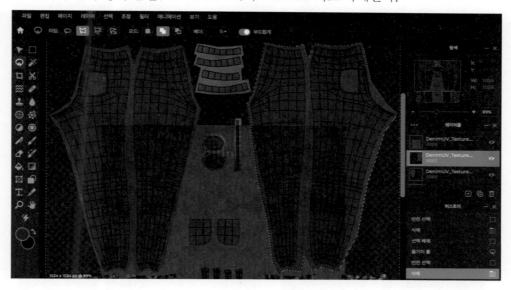

31) 아래 뒷주머니 부분도 세 번째 레이어를 선택하고 올가미 툴로 아래 이미지처럼 Path 작업한다.

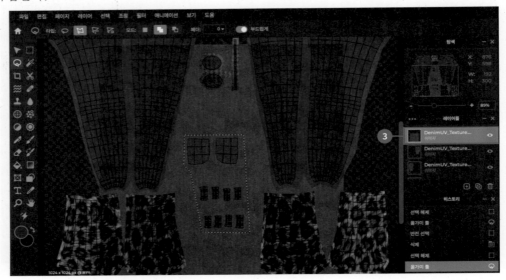

32) 올가미 선택 영역 반전(Ctrl + Shift + I)하고 Delete 키로 삭제한다. Ctrl + D 하면 올가미 명령이 해제된다.

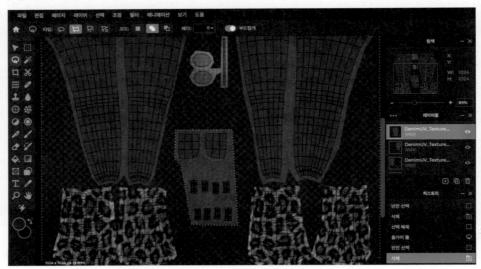

33) 필수적으로 제페토 스튜디오에 업로드 가능한 사이즈는 512사이즈이므로 페이지 →
페이지 사이즈 변경(스케일)에서 512로 변경하고 적용하기 한다.

34) 작업이 완료되면 백그라운드는 필요가 없으므로 LMB 하여 자물쇠를 풀어 주고 눈동
자를 클릭하여 숨기기 한다.

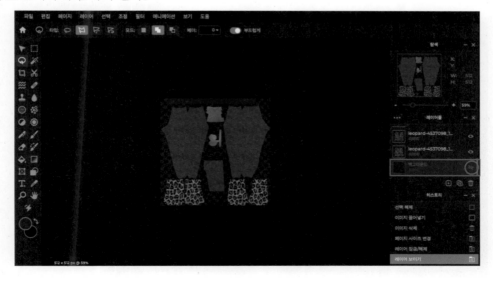

35) 우선 편집 가능한 파일로 내 PC 안에 저장할 것이다. 파일 → 저장 → 이미지 저장 → pxz로 내보내기 하여 다른 이름으로 저장하기 한다.

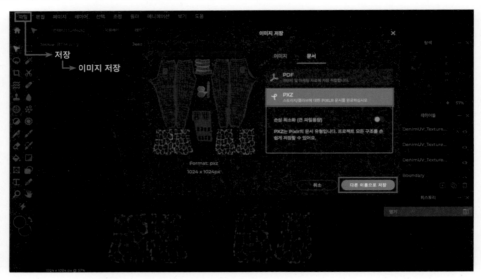

36) 다음 마지막으로 파일 → 내보내기 → PNG로 내보내기 하고 파일 이름은 JessieBtm Albedo.png로 한다.

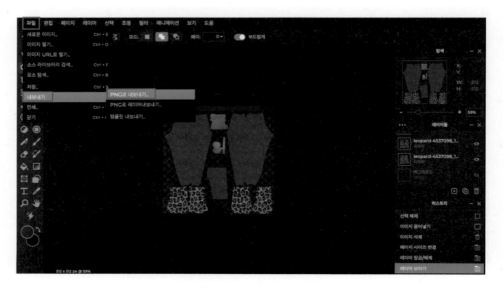

6. BTM Converting

Import 및 사전 준비

1) 위에서 완성한 TOP_JessieRigCom.fbx와 JessieBtmAlbedo.png 파일를 Drag & Drop 해서 Contents 폴더 안에 넣는다.

6-2 Material

1) 다음 Project 창에서 RMB → Crate → Material을 하여 새로운 마테리얼을 생성하고,

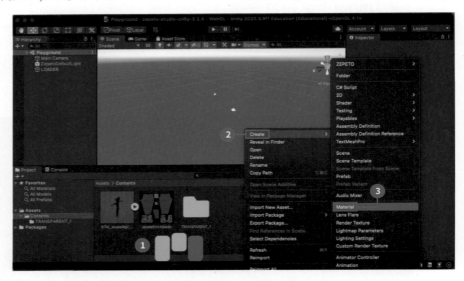

2) 이름을 'JessietMat'로 정한다. (이름은 크게 중요하지 않지만 영문으로 작성해야 한다.)

3) 다음 Inspector 창에서 Shader → ZEPETO → Standard를 하여 셰이더를 변경하고 Texture를 Albedo 슬롯에 Drag & Drop 한다.

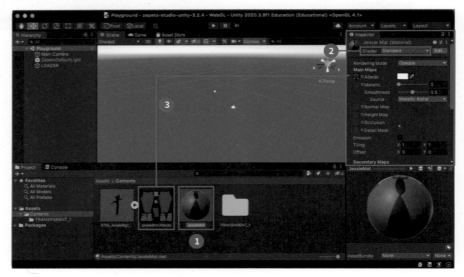

4) 오브젝트롤 선택하고 우측 Inspector에서 Material → BTM_shd 슬롯에 위에서 만든 JessieMat 마데리얼을 Drag & Drop 하고 Apply 한다.

6-3 Prefabs

1) JessieHat 오브젝트를 RMB → Zepeto Studio → Convert to ZEPETO style로 변환한다.

6-4   적용

1) Assets → Playground를 더블클릭하여 Scene을 활성화한다. LOADER를 클릭하면 우측 Inspector 창 Makeup 아래로 해당 아이템을 체크할 수 있도록 나열되어 있다.

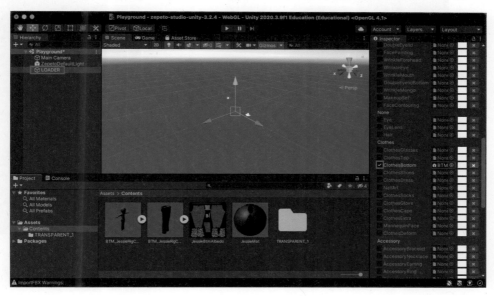

1) 여기서 ClothsBotton을 체크하고 슬롯에 Zepeto Style 파일을 Drag & Drop 한다. 다음 상단 중앙의 Play를 클릭했을 때 아래와 같이 보이면 정상적으로 진행한 것이다.

6-5 변환

1) 이제 제페토 스튜디오에 업로드할 수 있도록 .zepeto 확장자로 변환해 보자.

2) ① Zepeto Style 파일 → RMB → ② Zepeto Studio → ③ Export as .zepeto를 선택하고 Save 하면 완료된 것이다.

7. 심사 제출

1) 제페토 스튜디오에 접근한 후 '만들기' 한다.

2) 아이템을 클릭한다. 관계없는 팝업은 닫아도 무방하다.

3) 3D 파일로 '아이템 만들기'를 선택한다.

4) 바지를 선택한다.

5) 유니티에서 최종 완성한 .zepeto 확장자 파일을 Drag & Drop 한다.

(파일 경로: zepeto-studio-unity-3.2.4 → Assets → Contents에서 .zepeto 파일을 찾
으면 된다.)

6) 아래와 같이 이름, 카테고리, 태그, 가격 등 상세 정보를 입력하고 '심사 제출'한다.

[주의: 심사 제출 전 3D 파일에 문제가 없는지 반드시 휴대전화에서 미리보기 해 보기 바란다. 확인 방법은 휴대전화에서 미리보기 → 휴대전화 제페토 앱의 알림에서 확인이 가능하다.]

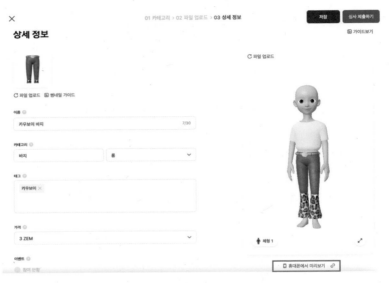

[아이템이 피부를 파고드는 문제 해결]

1) 심사 제출 전에 체형 변형에 따른 오류는 빈번하게 발행을 한다. 아래 이미지처럼 옷이 Skin을 파고드는 현상은 대표적 현상이다.

2) 본 문제 해결을 위해서 Soft Selection 기능으로 볼륨을 조절해 볼 것이다.

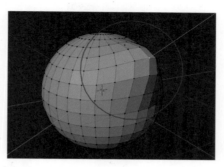

[286페이지에서 시작한다.]

3) Edit Mode → Vertex → ① Proportional Editing을 활성화하면 Vertex를 움직일 때 주변 Vertex들이 부드럽게 따라 올라오는 기능이다.

4) 중심 부분에 있는 ② Vertex 위주로 선택하고 ③ Move 명령으로 이동하되 브러시의 크기는 이동 중 ④ 마우스 휠을 내리면 작아지고 올리면 커짐으로 적절하게 잘 활용해서 볼륨을 올려 보자.

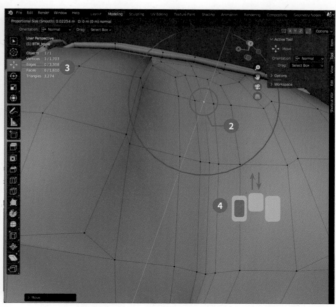

[아이템이 늘어지는 등 캐릭터의 움직임에 Mesh가 오작동하는 문제]

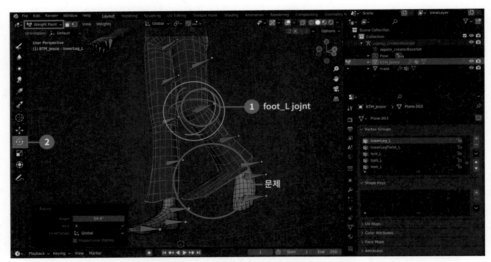

[해결 방법 1] 이럴 때 ❶ 아래 우측에서처럼 Draw를 선택 → ❷ Weight 값을 0으로 변경 → ❸ 해당 Vertex 부분에 칠을 하면 ❹ Weight 값이 0 이 되면서 Ⓐ foot_L Joint의 영향을 받지 않는다.

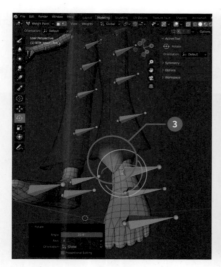
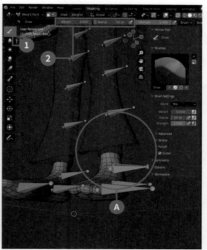

[해결 방법 2] 이번에는 scale이 포함된 Joint의 Weight를 수정하는 방법이다. ①
lowerLegTwist_R_scale Joint를 선택해 보면 아래 끝부분Ⓐ가 파랗게 되어 있다. 이는
영향을 받아야 할 부분이 영향을 받지 못하는 것이라 볼 수 있다. (파란색에 가까울수록
영향을 받지 않음) ② Draw를 선택 → ③ Weight 값을 0.45로 변경 → ④ 해당 Vertex
부분에 칠을 하면 Weight 값이 ⑤ 연두색이 되면서 주변 Mesh가 lowerLegTwist_R_
scale Joint의 영향을 받게 된다.

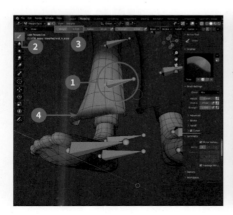
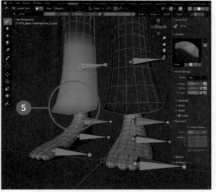

5) 위의 두 경우는 Weight의 영향을 받지 말아야 할 Vertex와 Weight의 영향을 받아야 할 Vertex를 수정하는 대표적 케이스이다. 아래와 같이 **lowerLeg_R Joint를 회전해 보면 Mesh가 정상적으로 작동하는 것을 알 수 있다. 반대쪽도 같은 방식으로 진행한다.**

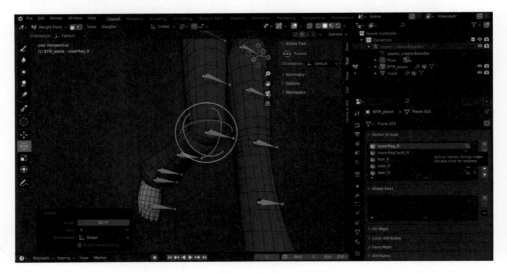

VT
PART VI

ChatGPT 활용해서
3D 블랜더(Blender) 쉽게 하기

1. ChatGPT 정의와 활용

ChatGPT는 OpenAI에서 개발한 대규모 언어 모델 중 하나로서 "자연어 처리"라는 인공지능 기술을 활용하여 인간의 언어를 자연스럽게 이해하고, 사람과 자연스러운 대화를 나눌 수는 프로그램이다. 또한, ChatGPT는 인간과 컴퓨터 간의 대화를 돕는 인공지능 프로그램으로 다양한 분야에서 활용될 수 있는 뛰어난 성능을 갖춘 프로그램이다.

2. ChatGPT & Blender

Blender는 3D 그래픽스와 애니메이션을 제작할 수 있는 무료 오픈소스 소프트웨어로서, 최근에는 Blender를 활용하여 인공지능 생성 콘텐츠를 제작하는 분야도 떠오르고 있다.

예를 들어, Blender에서 3D 모델링을 하면서 ChatGPT를 이용해 캐릭터를 대상으로 대화 기반의 스토리를 자동으로 생성할 수 있다.

또한, ChatGPT는 블랜더 사용자들을 위한 플러그인 개발에도 활용될 수 있다. 예를 들어, Blender 내에서 캐릭터 대사 생성을 위한 플러그인을 개발할 수 있다. 이를 통해 Blender 사용자들은 쉽게 인공지능 생성 콘텐츠를 만들 수 있게 된다.

본 장에서는 Blender에서 ChatGPT를 활용하는 아주 기본적인 단계로서 **모델링 완성 후 최적화 체크리스트를 작성하는 Logic**을 만들어 볼 것이다. 또한, 개발된 Logic을 **Blender Plug In인 Addon 생성과 설치**에 대한 내용도 다룰 것이다.

3. ChatGPT 설치

1) 검색 포털을 통해서 OpenAI에 입장한 후에

Try ChatGPT (무료) 서비스로 이동할 수 있다.

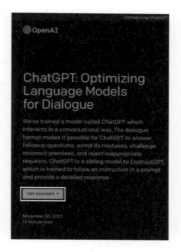

2) 기존에 회원 가입이 되어 있다면 ① Log In을 하면 되지만 ② 처음이라면 회원 가입을 반드시 해야 사용할 수 있다. Sign up을 한 후 Google 계정이나 MS 이메일 계정을 입력하고 회원 가입을 진행한다.

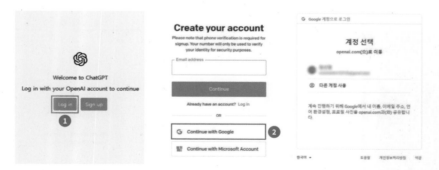

3) ① 이름을 입력하고 ② 전화번호를 입력하고 난 뒤 Send code를 하면 휴대전화로 코드가 발송될 것이다. 그러면 다음 나오는 화면(본 도서에는 생략되어 있음)에 코드를 입력하면 다음 화면으로 이동되게 된다.

4) 이제 거의 완료가 되었다. Next → Next → Done하여 마무리한다.

5) 이제 ChatGPT 사용을 위한 준비가 완료되었다. ❶ 아래 입력 필드에 입력하여 대화를 시작하면 된다. 사실 이런 상황에서 무엇을 물어봐야 할지 망막하기만 한 것은 당연한 현상일 것이다. 필자는 AI와의 대화를 자주 시도할 것을 권고한다. AI는 매우 똑똑한 도구이다. 하지만 질문을 어떻게 하느냐에 따라 바보가 될 수 있고 천재로 활용될 수 있다. [참고: ChatGPT는 여러분의 질문을 계속 기억하고 보다 진보된 답을 제시한다.]

6) 사전 준비 작업으로 Blender에서 **1** Scripting을 활성화하여 레이아웃을 아래와 같이 변경 후 한 화면에 ChatGPT와 같이 나란히 보일 수 있도록 한다. 이렇게 하면 ChatGPT에서의 결과를 Blender **2** 스크립트 에디터에 붙여 넣기 용이할 것이다. [참고: 사용 블랜더 버전(3.3.2)]

4. 명령 입력과 Blender에서 실행

참고: 본 교재에 활용된 코드 샘플은 OOO에서 다운로드 가능합니다. 예제 따라 하기 할 때 ChatGPT가 다른 코드를 제시하면 본 샘플을 사용하세요. 인공지능은 재차 질문 시 처음과 다른 진보된 다른 결과물을 제시 할 수 있습니다.

1) 대화의 시작은 가볍게 시작해 보자. 대화창에 "블랜더에서 패널을 만드는 파이썬 코드 부탁해"라고 입력하고 Enter 하면 ChatGPT는 연산을 하고 조금 후 결과를 보여 준다. ChatGPT → ❶ Copy code → Blender Script Editor → ❷ New → ❸ RMB → Paste(Python 코드 붙여넣기) 한다. [참고: 매번 블랜더에 코드를 붙여넣기 할 때는 기존 코드는 삭제하고 진행한다.]

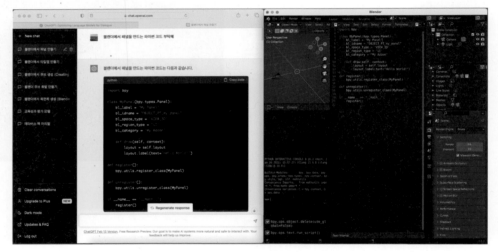

2) 실행을 위해서 Text → Run Script 하면 코드가 실행되게 된다.

[참고: 박스의 내용은 ChatGPT가 도움을 주는 정보이다. 참고만 하도록 하자.]

[ChatGPT: 이 코드는 MyPanel이라는 클래스를 정의하고, 이 클래스는 bpy.types.Panel 클래스를 상속받습니다. MyPanel 클래스는 패널의 라벨, 아이디, 공간 유형, 영역 유형 및 카테고리를 설정하는 여러 속성을 가지고 있습니다.

draw() 함수는 실제로 패널에 표시될 내용을 정의합니다. 이 예제에서는 단순히 "Hello World!" 라벨을 표시합니다.

마지막으로, register() 함수와 unregister() 함수를 정의하여 MyPanel 클래스를 등록하고 해제합니다. 이것은 Blender가 애드온으로 이 클래스를 인식하게 합니다.

위의 코드를 실행하면 "My Panel"이라는 이름의 패널이 "My Addon" 카테고리에 표시됩니다.]

3) 단축키 "n"을 누르면 3D Viewport에 My Addon 패널이 추가된 것이 보일 것이다. My Addon 패널을 선택하면 Hello World! 문구가 성공적으로 보이게 된다.

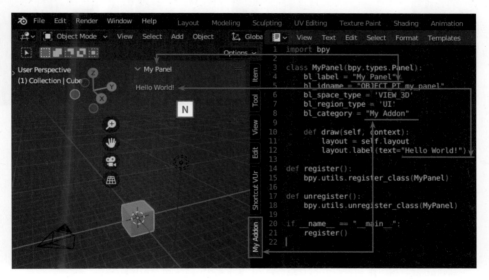

4) Add → Mesh → Monkey 하여 Monkey 객체를 추가해서 다음 과정을 진행해 보자.

5) 이번에는 조금 더 구체적으로 '**패널 이름을 ZEPETO Check로 하고 Object properties**
에 설치하는 코드 알려줄래?'라고 명령을 해보자. [참고로 Object properties는  부분을
의미한다.]

[ChatGPT: 이 코드는 ZepetoCheckPanel이라는 클래스를 정의하고, 이 클래스는 bpy.types.
Panel 클래스를 상속받습니다. ZepetoCheckPanel 클래스는 패널의 라벨, 아이디, 공간 유형, 영역
유형 및 컨텍스트를 설정하는 여러 속성을 가지고 있습니다.
draw() 함수는 패널에 표시될 내용을 정의합니다. 이 예제에서는 단순히 "Hello ZEPETO!" 라벨을
표시합니다.
마지막으로, register() 함수와 unregister() 함수를 정의하여 ZepetoCheckPanel 클래스를 등록하
고 해제합니다. 이것은 블렌더가 애드온으로 이 클래스를 인식하게 합니다.
위의 코드를 실행하면 "ZEPETO Check"이라는 이름의 패널이 "Object Properties"에 표시됩니다.]

6) 결과 아래와 같이 Object properties에 추가된 것을 확인할 수 있다.

7) 다음으로 오브젝트가 여러 개 존재할 경우를 대비하여 선택된 오브젝트의 이름을 표기하는 명령으로 "선택된 오브젝트의 이름이 패널에 표시되는 코드 추가 부탁해"라고 명령을 실행한다.

8) 완성된 Addon을 Blender에서 어떻게 설치하는지 방법을 ChatGPT에 질문을 하면 아래와 같이 답을 한다. 이런 방식으로 코드가 아닌 방법에 대해서도 질문과 답변이 가능하다.

[ChatGPT: 이 코드는 draw() 함수 내에서 context.object를 사용하여 현재 선택된 오브젝트를 가져옵니다. 그리고 layout.label() 함수를 사용하여 선택된 오브젝트의 이름을 표시합니다. 위의 코드를 실행하면 "Selected Object: 오브젝트 이름"과 "Hello ZEPETO!" 라벨이 포함된 "ZEPETO Check"이라는 이름의 패널이 "Object Properties"에 표시됩니다. 선택된 오브젝트의 이름이 "Selected Object:" 다음에 나오게 됩니다.]

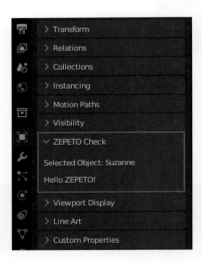

9) 결과 아래와 같이 Object properties에 Selected Object: Suzanne으로 선택된 오브젝트의 이름이 추가된 것을 확인할 수 있다.

10) 다음으로 Transform 정보를 획득하기 위해 "위치, 회전, 크기 값이 같이 패널에 표시되는 코드 추가 부탁해"로 명령을 한다.

[ChatGPT: 위 코드에서는 layout.row() 함수를 사용하여 여러 개의 값을 한 줄에 표시하도록 하였습니다. obj 객체의 location, rotation_euler, scale 속성을 각각 표시하도록 했습니다.
위의 코드를 실행하면 "Selected Object: 오브젝트 이름", 위치, 회전, 크기 값이 포함된 "ZEPETO Check"이라는 이름의 패널이 "Object Properties"에 표시됩니다. prop() 함수를 사용하여 각 속성을 편집할 수 있습니다. location, rotation_euler, scale 속성의 값은 벡터 형식으로 표시됩니다.]

11) 결과 Location, Eular Rotation, Scale 정보가 추가되어 선택된 오브젝트의 Transform 정보를 읽을 수 있고, 수정도 가능하다.

12) 다음으로 폴리곤 개수를 파악하여 최적화를 해야 할 때 유용할 수 있도록 "폴리곤 개수도 패널에 표시 부탁해"로 명령을 실행한다.

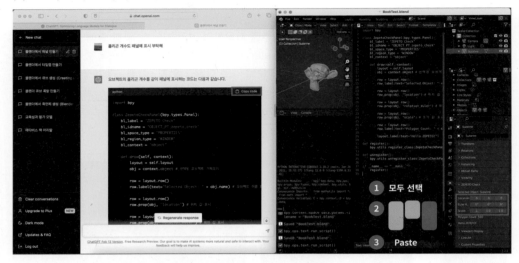

[ChatGPT: 위 코드에서는 obj.data.polygons의 길이를 사용하여 폴리곤 개수를 구한 후, row.label() 함수를 사용하여 패널에 표시하도록 했습니다.
위의 코드를 실행하면 "Selected Object: 오브젝트 이름", 위치, 회전, 크기 값, 폴리곤 개수가 포함된 "ZEPETO Check"이라는 이름의 패널이 "Object Properties"에 표시됩니다. label() 함수를 사용하여 각 속성을 읽기 전용으로 표시합니다. str() 함수를 사용하여 정숫값인 폴리곤 개수를 문자열로 변환합니다.]

13) 결과 선택된 오브젝트의 Polygon Count: 500 정보가 추가된 것을 확인할 수 있다. 이러한 정보를 참고하여 현재의 3D 모델의 무게를 파악하여 최적화 계획을 세울 수 있다.

14) 다음은 정보 표기 위치를 조금 수정하는 의미에서 "Hello ZEPETO! 문구를 Zepeto Item Check List로 바꿔 주고 위치를 제일 아래에서 제일 위로 올려 줄래"라고 명령을 실시해 보자

[ChatGPT: 위 코드에서는 bl_label 속성을 "Zepeto Item Check List"로 변경하여 패널 제목을 수정했습니다. 또한, 위칫값을 아래에서 위로 올리기 위해 row.prop() 함수의 순서를 변경하였습니다.

위의 코드를 실행하면 "Polygon Count: 폴리곤 개수", 크기, 회전, 위칫값, "Selected Object: 오브젝트 이름"이 포함된 "Zepeto Item Check List"이라는 이름의 패널이 "Object Properties"에 표시됩니다. 위에서부터 순서대로 표시됩니다.]

15) 결과 명령대로 Zepeto Item Check List로 수정하였고 제일 위로 위치를 변경하였다.

16) 다음 같은 방식으로 표시 순서를 정리해 보기 위해 **"Selected Object, Location, Rotation, Scale, Polygon Count 순으로 정리 부탁해"**라는 명령을 해 보자.

[ChatGPT: 위 코드에서는 layout.row() 함수를 사용하여 "Selected Object", "Location", "Rotation", "Scale", "Polygon Count" 순으로 패널에 표시하도록 했습니다.
위의 코드를 실행하면 "Selected Object: 오브젝트 이름", 위치, 회전, 크기값, "Polygon Count: 폴리곤 개수"가 포함된 "Zepeto Item Check List"이라는 이름의 패널이 "Object Properties"에 표시됩니다. 각 항목이 지정된 순서대로 표시됩니다.]

17) 결과 명령대로 Selected Object, Location, Rotation, Scale, Polygon Count 순으로 정리된 것을 확인할 수 있다.

18) 이번에는 제페토 스튜디오에서 심사 시 거절 조건이 되는 Material의 이름에 _shd를 붙이는 조건을 확인하기 위해 "선택된 오브젝트의 마테리얼 이름도 표시 부탁해"라는 명령을 내려 보자.

[ChatGPT: 위의 코드에서는 "Material: " + obj.active_material.name을 사용하여 선택된 오브젝트의 활성화된 마테리얼의 이름을 표시하도록 합니다.
이 코드를 실행하면 "Selected Object", "Location", "Rotation", "Scale", "Polygon Count", "Material"이 포함된 "Zepeto Item Check List"라는 이름의 패널이 "Object Properties"에 표시됩니다. 각 항목이 지정된 순서대로 표시됩니다.]

19) 결과 Material 표시를 명령했지만 패널에는 표시가 되지 않았다. 오브젝트에 Material이 설정 되지 않아서 그런 것이다. 아래에서 오브젝트에 Material을 설정할 것이다.

20) 우측 Object properties에서 Material 정보를 출력하기 위해서는 ❶ Material properties 창에서 ❷ New 하여 새로운 Material을 생성한다. Material 이름은 Material.001 이 되고 오브젝트가 선택된 상태에서 우측과 같이 ❸ Material의 이름(Material 001) 출력 되게 된다.

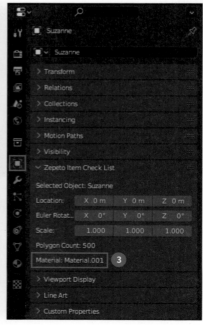

5. Addon 만들기

1) 이번에는 Plug In인 Addon을 만들어 보기 위해 **"위의 코드를 블렌더 AddOn으로 사용하려면 어떻게 해야해?"** 라는 질문을 해 보자 [참고: Addon은 프로그램의 일종으로서 Blender와 같은 호스트 소프트웨어에 설치되어 보조적으로 사용될 수 있는 소프트웨어를 의미한다.] 아래와 같이 ChatGPT는 답변을 하게 된다.

[ChatGPT: 위의 코드를 블렌더 Add-on으로 사용하려면 다음과 같이 하면 됩니다.
1. 위 코드를 .py 파일로 저장합니다. 예를 들어, "zepeto_check.py"로 저장합니다.
2. 블렌더를 열고, "편집" 메뉴에서 "환경 설정"을 선택합니다.
3. "Add-ons" 탭을 선택하고, 우측 상단의 "Install..." 버튼을 클릭합니다.
4. "zepeto_check.py" 파일을 선택합니다.
5. "Zepeto Item Check List"이라는 이름의 Add-on이 "Object" 카테고리에 나타납니다.
6. 체크 박스를 선택하여 활성화합니다.]

2) 위에서 ChatGPT가 설명한 방법대로 Addon을 Blender에 설치하면 제대로 설치가 되지 않을 것이다. (설치를 해 봐도 되고 해 보지 않아도 된다.) 대부분 여기서 포기하는 경우도 있을 것이다. 솔직히 말하면 이러한 문제를 해결하기 위해선 파이썬 코드에 대한 이해가 어느 정도 필요할 수도 있다. 다음은 Addon을 만들기 위한 필수적 코드를 입력하기 위해 "위 코드를 블랜더 Addon으로 사용할 수 있도록 작성해 줘~"라는 질문을 던져 보자. 그러면 추가 코드와 함께 아래와 같이 출력이 된다.

[ChatGPT: 위 코드를 .py 파일로 저장한 후, 블렌더에서 "편집" 메뉴에서 "환경 설정"을 선택하고, "Add-ons" 탭에서 "Install..." 버튼을 클릭하여 .py 파일을 선택하고 활성화하면 "Object Properties"에 "Zepeto Item Check List"가 나타납니다.]

3) 다음은 Blender의 Plug In인 Addon으로 만드는 과정이다. ① Test → Save As → Zepeto_ Item_Chack_List.py로 하여 저장을 한다. (저장 시 이름은 영문으로 하되 내용은 자유롭게 정하지만 확장자는 꼭 ② .py(파이썬 확장자)로 저장하도록 하자.

4) 이제 저장한 Addon 파일을 설치하기 위해서 File → New → General로 새로운 파일을 열어 준다.

5) ① File → Preferences 하여 속성창을 열고 ② Addons → ③ Instal 하여 앞에서 저장한 ④ Zepeto_Item_Chack_List.py 파일을 불러오기 한다.

6) 아래와 같이 Zepeto Item Chack List가 보이게 되면 체크를 하자.

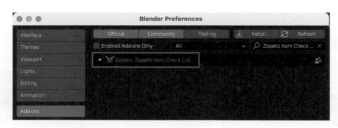

7) 자 이제 성공적으로 세팅이 되었으니 Object Properties에서 오브젝트를 선택하고 나서 확인해 보자. 아래와 같이 Object properties에 성공적으로 추가되었다. 지금까지 수고 많으셨습니다. AI는 사용자에 따라 다른 결과물을 만드는 도구입니다. 이러한 좋은 도구를 사용하여 창의적이고 독창적이며 즐거운 작품 활동하시기 바랍니다.

모두를 위한 메타버스
3D 블랜더
크리에이티브

| 2023년 | 3월 | 1일 | 1판 | 1쇄 | 인 쇄 |
| 2023년 | 3월 | 5일 | 1판 | 1쇄 | 발 행 |

지 은 이 : 이대현 · 최재용 공저

펴 낸 이 : 박　　　정　　　태

펴 낸 곳 : **주식회사 광문각출판미디어**

10881
파주시 파주출판문화도시 광인사길 161
광문각 B/D 3층
등　　록 : 2022. 9. 2 제2022-000102호
전 화(代) : 031-955-8787
팩　　스 : 031-955-3730
E - m a i l : kwangmk7@hanmail.net
홈페이지 : www.kwangmoonkag.co.kr

ISBN : 979-11-982224-1-1　　93000

값 : 22,000원

※ 부록 Modeling/Base Mesh 등 교재와 관련된 자료는 광문각 홈페이지(http://www. kwangmoonkag.co.kr/) 자료실에서 다운로 드할 수 있습니다.

한국과학기술출판협회
Korean Science & Technology Publisher Association